GRETAS FREUNDE

Von wilder Welt und Weihnachten

Ein Abenteuerbuch für die Adventszeit
zum Basteln, Backen und Genießen

KNESEBECK

In unserem Trio ist definitiv Sarah der weihnachtsverrückteste Wichtel. Doch woher genau rührt dieser nimmermüde Elan und Kreativgeist alle Jahre wieder, haben wir drei uns lange gefragt – und versucht, dem Rätsel jenes geheimnisvollen Rückenwindes auf die Schliche zu kommen, der Sarah, kaum dass die Tage kürzer und die Kerzen heller werden, immer wieder mit Schmackes ins DIY-Weihnachtswunderland pustet. Dann gibt's bei ihr beim Basteln und Girlandenwinden nämlich kein Halten mehr. Wochenlang rührt und brät und schüttelt und backt und schmilzt und färbt und fermentiert sie. Orangen verwandeln sich in Baumschmuck. Altes Bettzeug in eine neue Geschenkverpackungsgarnitur. Warum? »Keine Ahnung«, so Sarah. »Macht halt Spaß.«

Doch irgendwann dämmerte uns dreien die Erkenntnis: Gerade weil das Weihnachtsfest ganz im Zeichen des hemmungslosen Konsums steht, ist es verblüffend und erfrischend, wie wenig es tatsächlich braucht, um üppig und ausgelassen zu feiern.

Und wie viel mehr Frohsinn es bringt, Weihnachten so selber wie möglich zu gestalten.

Denn so viel Material schlummert ganzjährig ungenutzt in der Schublade (Stoffreste, Pappkarton, Wollknäuel), vieles eignet sich im Advent für vieles (Cranberrys für Girlanden oder Chutney, Rotkohl für Salat oder Tischdeko, Selbstgemaltes für Baum-, Tisch- oder Geschenkeschmuck), einiges bleibt für die Ewigkeit (geerbte Weihnachtsdeko, Bänder, die immer wiederverwendet werden, alte Stoffe, die als Verpackung, Serviette oder Bastelutensil zum Einsatz kommen). Vor allem aber zeigt Sarahs magischer Weihnachtselan, dass es genau dann am grandiosesten und gemütlichsten zugeht, wenn man das Kapitel »Perfektion« einfach mal überspringt.

Stattdessen lohnt es sich, hemmungslos und krumm und kreativ mit ganz, ganz wenig Material zu werkeln und dabei ganz, ganz viel heiße Schokolade mit Marshmallows zu schlürfen. Manche Selbermachvorschläge und Rezepte in diesem Buch kommen mit so wenig Klimbim aus, dass es fast schon ungehörig scheint, sie aufzuschreiben. Haben wir natürlich trotzdem gemacht. Denn das Ergebnis ist einfach sagenhaft schön, nachhaltig und vor allem eins: wunderbar weihnachtlich.

Frohes Fest, ihr großen und kleinen Entdecker:innen von Welt! Diese hier funkelt und frohlockt ganz besonders.

XXX
Sarah, Serena und Tine

Weihnachtsgeschichten aus aller Welt

Bastelkram

Rezepte

Weihnachtsworte

Different every year
Alle Jahre anders

Shanlynne liebt leuchtende Farben, Kinderaugen und ihren besten Freund. Mit ihm und ihren zwei kleinen Jungs lenkt die Kreativgurke aus Philadelphia scharf um jede Kurve Leben – und macht dabei aus jedem Weihnachtsfest ein Abenteuer. Denn sie zelebriert einfach wild und wunderbar drauflos!

Was gefällt dir an Weihnachten besonders gut?

Ich bin überwiegend bei meiner Großmutter aufgewachsen. Die hat immer ihr Bestes gegeben, um es für mich, das Einzelkind, an den Feiertagen trotz wenig Geld schön zu machen. Jedes Jahr etwa legte sie zwanzig Dollar unter den Baum und sagte mir, der Geldschein sei vom Weihnachtsmann. Ich habe an den Weihnachtsmann geglaubt, bis ich mit zwanzig Jahren aus dem Keller meiner Großmutter ausgezogen bin. An meinem ersten Fest weg von zu Hause war ich ganz schön traurig, als ich trotz verzweifelter Suche keine Note unter dem Baum gefunden habe. Ein wirkliches, echtes Fest aber habe ich als Kind nicht kennengelernt. Insofern war dieser Teil für mich neu, als ich dann eine eigene Familie hatte. An Weihnachten tue ich alles für meine Kinder. Dieses frohe Glühen in ihren Gesichtern – etwas Schöneres gibt es für mich nicht.

Ohne welche drei Traditionen kommt dir Santa Claus nicht in die Bude?

Da mir nie jemand beigebracht hat, wie man einer Weihnachtstradition folgt, kann ich auch keine brechen. Unsere eigenen, selbst gebackenen Bräuche sind weder himmlisch noch heilig. Sie machen den Kindern einfach Spaß. In der Nacht vor Weihnachten etwa durften sie sich in diesem Jahr ihr Lieblingsmüsli fürs Weihnachtsfrühstück aussuchen. Nachdem sie ihre Geschenke ausgepackt hatten, gab es eine Piñata zum Zerkloppen! Die war randvoll mit den knalligsten, zuckrigsten Kawaii-Süßigkeiten und kleinen, lauten Spielzeugen.

CHRISTMAS

PLEA
MAIN
6 FEE
SOC
DISTA

Welche Leckereien kommen bei dir auf den Tisch?

Dieses Jahr haben wir uns entschieden, unser ganzes Weihnachtsessen im koreanischen Stil zu halten! Wir hatten viele verschiedene kleine Beilagen und »Hotpot«. Oh, dieses Kimchi, es war unglaublich! Nächstes Mal probieren wir wieder etwas anderes aus.

Bist du eher deko-bekloppt oder minimalistisch unterwegs?

Ich mag es schlicht. Aber wenn den Kindern Kitsch gefällt, lasse ich mich auch gerne zu Kunterbunt überreden. Ich liebe es einfach, Weihnachten hinterherzuspüren. Sobald ich den Tannenduft rieche und mit den Kindern den Baum schmücke, bin ich froh.

I am dreaming of a … Christmas! Wie würdest du ergänzen?

»I am dreaming of a ***peaceful*** Christmas.« Mehr Liebe und Frieden für alle wünsche ich mir. Denn jeder Mensch verdient ein Fest ohne Sorgen, aber mit Harmonie und Liebe. Egal, wo und wie und was er feiert.

Unsere eigenen, selbstgebackenen Bräuche sind weder himmlisch noch heilig.
Sie machen den Kindern einfach Spaß.

3054

Dieses Jahr haben wir uns entschieden, unser ganzes Weihnachtsessen im koreanischen Stil zu halten!

Hotpot

Kimchi

S'mores

Zutaten:

Leibniz-Schokokekse
Marshmallows

Kein Lagerfeuer funktioniert in Amerika ohne zwischen Keksklappen geschmierte, geschmolzene Marshmallows samt einer zusätzlichen Schicht Schokolade. »S'Mores« heißt der Übersee-Klassiker – den wir einfach mit heimischen Schoko-Leibniz-Keksen ausprobiert haben. Fazit: Mit Draußen-Raucharoma schmecken die Dingerchen definitiv am besten. Doch wer am Weihnachtsabend kein Outdoor-Feuerchen zur Verfügung hat, kann auch anderweitig genießen. Kinder jedenfalls werden jeden Wichtel feiern, der ihnen im Ergebnis dieses pappsüße Spaß-Dessert kredenzt.

So geht's: Die Marshmallows am Lagerfeuer, in der Pfanne, mit einem Bunsenbrenner, überm Gaskocher, am Kamin oder Ofen erhitzen. Zwei Leibniz-Schokokekse schnappen, einen geschmolzenen Marshmallow dazwischenpappen, kurz warten, bis er etwas abgekühlt und ausreichend klebrig ist, damit die Keksdeckel halten. In den Schlund schieben. Für Nachschub sorgen.

Kaum etwas fühlt sich im klirrenden Frost besser an als Winterbaden. Von einer Tradition, die viel verlangt und noch mehr gibt.

Eiskaltes Badevergnügen

In Finnland gehört der Sprung ins Gefrierpunkt-Nass fast schon zum guten Kälteton. Sobald die Temperaturen in Richtung null Grad rutschen, reißen sich die Nordlichter die Kuschelkleider vom Leib, hüpfen im Sommerbadegewand in die winterkalten Wellen – und anschließend in die Sauna. Die ganz besonders Harten sägen oder hacken sich Löcher in zugefrorene Tümpel oder Flussflächen und steigen minutenlang ins Eis. Doch jeder, der sich einmal überwunden hat, mit Winterwasser Körperkontakt aufzunehmen, berichtet nach bestandenem Tauchgang vom gleichen Rausch, vom regelrechten Glückstaumel, vom Gefühl, von Kopf bis Fuß lebendig zu sein.

Kein Wunder also, dass das Eisbaden, Winterschwimmen oder wie auch immer das Paddeln in frostigen Gewässern genannt wird, weltweit viele Fans hat. In Tschechien springen besonders Wagemutige am zweiten Weihnachtsfeiertag in die Prager Moldau und ziehen für ein paar Hundert Meter ihre Züge. Das finnische Eisbaden sieht eher den Dip ins Nass vor. Auch das Neujahrs-Eisbaden rund um die Ostsee beinhaltet lediglich ein sekundenlanges Wenigstens-einmal-kurz-Untertauchen statt ernsthaftes Von-der-Stelle-Schwimmen.

Eisbadende schwören jedenfalls nicht nur auf die Freude, die ihnen die klirrende Mutprobe bringt, sondern auch auf den gesundheitsfördernden Aspekt. Eisbaden soll Viren vertreiben, das Nervenkostüm stählen und mit Schmackes gegen Stress wirken. Doch ob Eisbader:innen nun besonders gesund leben oder nicht: Sie sollten es in jedem Fall sein, bevor sie ins eiskalte Wasser springen. Denn dafür braucht es nicht nur ein paar ordentliche Brrrrs und Puhhhhhhs und Ahhhhhs, sondern auch einen gesunden Kreislauf sowie ein robustes Herz. Die wahren Frostwasserfans trainieren deshalb von Januar bis Dezember. In der Nähe von London etwa gibt es seit beinahe einhundert Jahren einen Damenclub für Ganzjahres-Schwimmerinnen. Manche von ihnen sind fast genauso alt wie der Hartgesottenen-Verein selbst.

Einmal abtauchen, bitte!

Die Finnin Suvi Hoyden ist begeisterte Eisbaderin. Aber warum nur? Ihre Tipps und Tricks für Nachtaucher:innen!

Suvi, warum springst du so gerne in eiskaltes Wasser?

Es ist meditativ und entspannend. Und mein Körper braucht kaltes Wasser, um bei sich zu sein. Wenn ich morgens eisbade, hilft mir das durch den ganzen Tag. Ich kann mich dann wunderbar konzentrieren und habe mehr Energie. Wenn ich abends dippe, schlafe ich einfach besser. Der Tauchgang hilft mir dabei, meinen Körper und Geist vom ganzen Stress des Tages zu befreien. Eisbaden macht mich glücklich, lebendig und ruhig – und zu einem besseren Menschen, da es so erholsam ist.

Was muss man wissen, bevor man den Sprung wagt?

Der Verstand hemmt am Anfang. Dabei ist es ja nur kaltes Wasser, darüber muss man sich klar werden. Der Schlüssel ist die Atmung. Man muss sich Zeit nehmen und auf seinen Körper hören. Den Saunagang im Anschluss an den Tauchgang darf man auch nicht überstürzen, sonst wird es zu intensiv. Auch hier muss der Körper das Startsignal geben. Ich gehe übrigens oft auch ohne Saunagang eisbaden.

Und wie packt man es konkret an, ins Schlotterwasser zu steigen?

Je langsamer man die ganze Sache angeht, desto besser. Ich empfehle, zunächst ein paarmal ganz tief ein- und auszuatmen, um sich und den Körper zu beruhigen – und erst dann ins Wasser zu gehen. Im Wasser versuche ich immer, ganz ruhig zu bleiben. Man muss ja nicht schwimmen, man kann einfach ganz still sein und tief atmen. Normalerweise setzt nach etwa 15-20 Sekunden das Gefühl der Euphorie ein. Das erste Mal einzutauchen ist immer am schwierigsten. Man weiß nie genau, wie sich der Körper fühlt und wie kalt das Wasser ist. Ich mag es normalerweise, drei Eistauchgänge zu machen. Aber auch hier gilt: auf den Körper hören! Er wird Bescheid sagen, wie lange und wie oft er untergetaucht werden möchte. Es geht nicht darum, möglichst lange und unangenehm zu frieren, es ist schließlich kein Wettbewerb. Eistauchen muss sich gut anfühlen.

Wichtig: aufs Herz hören. Wenn's zwickt oder zu doll pocht, sofort raus aus dem Wasser!

@suvihoyden

Cranberry-Kette

Zutaten:

Schnur
Nadel
Cranberrys
optional Popcorn

Sie ist schmuck, sie ist einsdreifix gefertigt und sie macht ordentlich Spaß – auch schon den Allerkleinsten!

So geht's: Die Nadel mit dem Faden bestücken und die Cranberrys nacheinander auffädeln. Wer mag, kann mit Popcorn abwechseln. Wir mögen diese rot-weiße Schweden-Optik sehr! Aufhängen, freuen, fertig!

Cranberry-Apfel-Chutney

Zutaten:

1 Handvoll Cranberrys
1 Apfel mit Schale
1 rote Zwiebel in feine Streifen geschnitten
5 EL Orangensaft
3 EL Ahornsirup
Pfeffer
Salz

Für diese Köstlichkeit eignen sich besonders die beerigen Bastelüberbleibsel unserer Cranberry-Kette. Also: Schwingt die Schnur und mengt eure nicht verwendeten DIY-Knubbel zu dieser lieblichen Paste zusammen. Schmeckt engelsgleich und verziert jede Speise.

Unser Rezept füllt ein Einmachglas.

So geht's: Alle Zutaten in einen Topf geben und knapp mit Wasser bedecken. Offen eine Stunde köcheln lassen, bis alles weich geworden ist und eine rot-pinke Farbe bekommen hat. Ordentlich mit Pfeffer würzen. Abkühlen lassen, anschließend in ein Glas abfüllen und zu Käse, Brot, Pie oder anderen herzhaften Speisen essen.

Übrigens: Für das Chutney und den Rotkohlsalat braucht ihr ganz ähnliche Zutaten. Man kann die beiden Leckereien deshalb tipptopp im Duett zubereiten.

Rotkohlsalat

Zutaten:

Salat
½ Rotkohl, in feine Streifen geschnitten
2 EL gerösteter schwarzer Sesam
1 rote Zwiebel, in feine Streifen geschnitten

optional dazu: 1 filetierte Orange oder eine Handvoll Weintrauben

Dressing
5 EL Orangensaft
5 EL Olivenöl
5 EL Weißweinessig
1 EL Ahornsirup
1 TL Sesamöl
Pfeffer
Salz

Rotkraut gehört zur Weihnachtszeit wie die Vanille zum Kipferl. Aber warum muss dieser Kohl eigentlich alle Jahre wieder warm, matschig und pimentpfeffrig daherkommen? Uns schmeckt diese knackige, unaufwendige und vor allem raketenschnelle Variante viel besser. Probiert's mal!

Als Vorspeise ausreichend für vier Schmausende, als Hauptgang macht der Salat zwei Kohlverliebte satt – sofern ihr noch leckeres Brot dazu spendiert.

So geht's: Alle Zutaten (außer das Obst) in einer großen Schüssel mit den Händen mischen und das zuvor angerührte Dressing gut in den Rotkohl einmassieren. Im Anschluss das Obst dazugeben. Den Salat eine Stunde ziehen lassen. Er schmeckt auch noch am nächsten und übernächsten Tag super lecker.

Wenn zum Jahresende der Ofen ausgeht … und was dann zu tun ist.
Eine Weihnachtsgeschichte aus dem Wald!

Gesund vor Gemütlichkeit

Als der kleine Bär am zähen Weihnachtswartemorgen erwachte, konnte er keine Tatze mehr rühren. Konnte nicht mehr brummen. Lag einfach so auf seinem Höhlenfell und war platt wie ein geklopftes Schnitzel. »Was habe ich nur?«, schniefte der kleine Bär. Und schon schlief er wieder.

Wie gut, dass der Dachs nichts mit sich anzufangen wusste bis zum Heiligabend. Er beschloss, zum Zeitvertreib seinen Freund aus den Federn zu kitzeln. Pfeifend und festvorfreudig sprang er zur Bärenhöhle. Aber wie erschrocken war er, als er den sonst so kecken kleinen Bären bewegungslos schnarchend auf seiner Matte antraf! Er rüttelte ihn, er schüttelte ihn, er brüllte ihm ins Ohr: »Aufstehen, kleiner Bär. Es ist fast Weihnachten!«

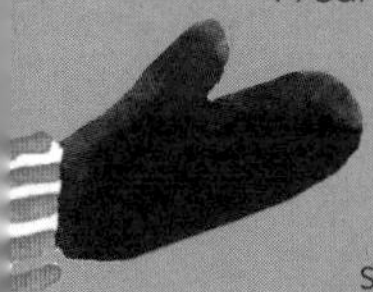

Doch der kleine Bär rollte sich unter seiner Decke nur noch enger zusammen und schnaufte: »Keine Lust. Habe auf nix mehr Lust. Mag nicht. Lass mich in Ruhe!« Besorgt kratzte sich der Dachs an der buschigen Schwanzspitze. So hatte er den kleinen Bären noch nie erlebt. Doch da er ein Waldbewohner der Tat war, flitzte er flugs los durch den Regen, verfluchte den Klimawandel und holte Hilfe beim weisen Wildschwein. Das Wildschwein half derzeit trotz seiner sieben Frischlinge (und deshalb in Teilzeit) als Walddoktor aus. Die Eule, die den Job eigentlich ausübte, war kurz mal auf Weltreise.

Das Wildschwein setzte seine Kinderschar also vor eine Schale mit lustig geformten Kastanien, versprach, bald zurückzusprinten, und folgte dem drängelnden Dachs zur Bärenhöhle. Als die beiden patschnass am Lager des kleinen Bären ankamen, lag der noch genauso krumm da, wie der Dachs ihn zurückgelassen hatte. »Das sieht nicht gut aus«, grunzte das Wildschwein. Es klopfte dem kleinen Bären auf den großen Zeh. Es zog ihn am Ohr und klemmte sein rechtes Auge auf, um ihm tief hineinzuschauen. Schnell kam der Walddoktor zu einem Untersuchungsergebnis: »Der Ofen ist aus«, diagnostizierte das Wildschwein. »Da hilft nur eines: absolute Gemütlichkeit. Vorlesen. Kerzenlicht. Keine Aufregung. Keine Anstrengung. Viele Freunde.« Der Dachs notierte eifrig auf einem Kastanienblatt mit. »Schaffst du das?«, fragte das Wildschwein, während es fast schon wieder zur Höhle hinaus war. Es wartete die Antwort gar nicht ab. Nicht nur hockten daheim die sieben Kleinen vor den Kastanien. Es galt auch noch, den Weihnachtsbraten zu stopfen, die letzten Geschenke einzupacken, den Verschlag zu fegen. Kurzum: Das Wildschwein war im Weihnachtsstress. Und der kleine Bär sollte das Gegenteil zu spüren bekommen. »Ist ja auch gesünder«, dachte der Dachs bei sich, als er dem gehetzten Wildschwein hinterherschaute.

Doch zum weiteren Nachdenken blieb keine Zeit bis zum Heiligabend. Der Dachs stopfte die Decke um den kleinen Bären, stellte ihm einen heißen Ingwer-Tee ans Bett und lief los, um die Tiere des Waldes zusammenzutrommeln. Er versprach ihnen absolute Gemütlichkeit. Vorlesen. Kerzenlicht. Keine Aufregung. Keine Anstrengung. Viele Freunde. Tja, was glaubt ihr, was passierte? Es kamen alle. Der Fuchs schlich trotz der Tropfen herbei. Der Frosch hüpfte durchs Himmelsnass. Das Reh sprang ans Krankenlager. Die ganze Spatzenfamilie flatterte los, um mit dem kleinen, zur Entspanntheit verdonnerten Bären zu feiern. Es knubbelte und knotete sich vor der Höhle. Doch das war nicht weiter schlimm. Alle Tiere hatten etwas mitgebracht. Sie teilten miteinander. Sie kümmerten sich umeinander. Sie sorgten füreinander und schenkten sich Zeit. So nahm das Weihnachtsfest im Wald in diesem Jahr also einen ganz besonderen Verlauf. Sogar das Wildschwein kam zurück, kuschelte mit seinen sieben Frischlingen im Kerzenschein, genoss die Vorlesestunde, hatte den Braten einfach Braten und das letzte Geschenk letztes Geschenk sein lassen. Als alle Tiere mit vollem Bauch und Herzen den Heimweg antreten wollten, fing es an zu schneien. Weiß und wunderbar lag nun der Wald im Mondlicht! Glück, so rein wie Gletscherwasser war das, da könnt ihr sicher sein!

Und der kleine Bär? Nun, vor lauter Gemütlichkeit und Freundschaft kam er ziemlich rasch wieder auf die Beine. Der Dachs achtete allerdings streng darauf, dass der kleine Bär auch an den kommenden beiden Feiertagen den Anweisungen des Wildschweins Folge leistete. Am 27. Dezember kam der Walddoktor in Teilzeit und machte seine Abschlussuntersuchung. Klopfte noch einmal auf den Zeh des kleinen Bären. Zog am Ohr und schaute tief ins Auge. »Gesund«, stellte das Wildschwein fest. Fortan heizte der Ofen des kleinen Bären wieder. Aber immer, wenn er von nun an merkte, dass sein Feuer auszugehen drohte, schnappte er sich seinen Freund den Dachs, bat ihn darum, ihm eine Geschichte vorzulesen, machte es sich mit ihm so richtig gemütlich – und lebte so gesund und munter bis ans Ende seiner Feiertage!

SCRABBLE
WEIHNACH
BAUM
SCRABBLE

Weihnachten für Weltentdecker:innen

Birgit Sfat

Die wenigsten Wichtel haben so viele globale X-Mas-Einsichten gesammelt wie Raul, Birgit und Milla. Denn die Wurzeln dieses kunterbunten Trios reichen von Rumänien bis Deutschland, sprossen jahrelang in den USA und wachsen neuerdings in Portugal. Aber wie feiert man eigentlich mit so viel himmlischem Erfahrungsgepäck?

Welches sind deine liebsten Traditionen? Immerhin mengt ihr ja inzwischen amerikanische, deutsche, rumänische und portugiesische Bräuche fröhlich durcheinander!

Von unseren Weihnachtsbräuchen her sind wir tatsächlich sehr deutsch. Ich liebe es, gemeinsam mit Milla unsere Kiste mit der Weihnachtsdekoration hervorzuholen und das Haus sowie den Baum zu schmücken. Wir haben eine wunderschöne Weihnachtspyramide und Räuchermännchen aus dem Erzgebirge sowie einen Herrnhuter Weihnachtsstern, den wir jedes Jahr zusammenstecken und nach Weihnachten wieder sorgfältig verstauen. Dazu kommen alle Jahre wieder Dinge, die wir selbst basteln: verschiedene Weihnachtsornamente, Kerzen, Sterne aus Holz, Keramik und Papier. Das verschönert nicht nur unser Haus, sondern beschenkt auch gleichzeitig die Omas. In Millas selbst gemachten Adventskalender kommt immer ein Mix aus kleinen Geschenken und vorweihnachtlichen Aktivitäten, die wir dann gemeinsam machen. Schön fand ich in Amerika, dass es dort nicht nur christliche Weihnachtstraditionen gibt. Milla hat viel über andere Religionen gelernt und zum Beispiel ihre beste Freundin samt Familie bei deren Chanukka-Feierlichkeiten begleitet.

Seit einiger Zeit lebt ihr in Portugal. Stellt man dort auch Tännchen auf, schmückt sie und zelebriert unterm Baum?

In Portugal ist es nicht üblich, eine echte Tanne als Weihnachtsbaum zu nutzen. Zum einen sehen die lokalen Nadelbäume nicht so aus, wie man sich einen typischen Weihnachtsbaum vorstellt. Die nordischen Tannen sind sehr teuer. Und der Weihnachtsbaum wird traditionell bereits am ersten Advent geschmückt. Die wenigsten echten Bäume würden bis Heiligabend noch richtig schön und grün aussehen. Viele Familien weichen deshalb auf unechtes Weihnachtsgeäst aus. Das wollten wir aber nicht, also haben wir drei Tage lang gesucht und schließlich in einer Gärtnerei eine Tanne mit Wurzeln im Kübel gefunden. Milla war zuerst etwas enttäuscht, weil das Bäumchen so klein war. Aber wir haben es auf einen Hocker gestellt und geschmückt – wie immer erst kurz vor Weihnachten. Das sah sehr schön und festlich aus. Inzwischen steht es eingepflanzt bei uns im Garten. Vielleicht haben wir in ein paar Jahren einen kleinen Tannenwald vor der Haustür!

Was läuft denn in Portugal noch anders beim Fest?

In Portugal kommen die Familien in Großbesetzung auch schon am 24. Dezember abends zusammen. Nach der christlichen Messe gibt es Geschenke und ein recht leichtes, einfaches Abendessen. Traditionell wird Stockfisch mit Kartoffeln und Gemüse kredenzt. Am ersten Weihnachtsfeiertag gibt es dann ein umfangreiches Mittagessen. Besondere Sorgfalt wird dabei auf den Nachtisch gelegt. Es gibt mehrere Süßspeisen, unter anderem den »Bolo Rei«, den Königskuchen, und frittierte »Sonhos«, Träume.

Und was gibt's üblicherweise bei euch zu futtern?

An Heiligabend halten wir die Menüfolge simpel. Je nachdem, wo wir feiern, gibt es rumänische Krautwickerl (von Rauls Mutter), Rouladen (von meiner Mutter) oder neuerdings auch gerne Raclette. Was aber eine feste (und immer heiß ersehnte) Tradition ist, ist die Pute mit Klößen, Rotkraut und Pfirsichen am ersten Weihnachtsfeiertag! Ein Brauch aus meiner Familie. Daran haben wir immer festgehalten, ganz gleich, wo auf der Welt wir gefeiert haben. Dieses Jahr haben wir dazu unsere portugiesischen Nachbarn eingeladen. Das war tatsächlich eine Premiere – wir haben die Weihnachtspute nämlich bei Sonnenschein draußen gegessen!

Bist du eher Team Plätzchen oder Team Stollen? Magst du uns dein knusprigstes, himmlischstes Lieblingsrezept verraten?

Ich sage weder bei Plätzchen noch bei Dresdner Christstollen Nein. Mit Wonne haben wir hier auch all die portugiesischen Leckereien probiert. Aber mein Weihnachtsherz gehört den Lebkuchen! Feine Elisenlebkuchen bei Kerzenschein, dazu Mandarinen, Apfelpunsch und der Weihrauch unserer Räuchermännchen – das ist für mich Weihnachtsstimmung pur!

Ein Plätzchen-Rezept haben wir dieses Jahr gleich zweimal gemacht (da die Nuss-Baiser-Taler so schnell weg waren und zudem so einfach zu machen sind):

Zutaten:

260 g Haselnüsse
100 g Zucker
3 Eiweiß
1 TL Zitronensaft
Zartbitterschokolade zum Verzieren

So geht's: Den Ofen auf 150 °C (Umluft) vorheizen. Die Haselnüsse grob mahlen. Anschließend Eiweiß und Zitronensaft steif schlagen. Vorsichtig den Zucker und die gemahlenen Nüsse unter den Eischnee heben und vermengen. Mit einem Teelöffel kleine Portionen auf das mit Backpapier ausgelegte Backblech setzen und rund formen. 20-25 Minuten backen. Abkühlen lassen und mit geschmolzener Zartbitterschokolade verzieren.

Frohes Fest! Merry Christmas! Feliz Natal! Crăciun fericit!

@overtheocean_com
www.overtheocean.com

Macadamia-Karamell-Bonbons

Zutaten:

350 g Zucker
60 g Honig
60 g Butter
60 g Sahne
120 g gesalzene Macadamianüsse

Klebt herrlich, schmeckt nach Kindheit, lässt sich einwandfrei verschenken!

Unser Rezept ergibt ca. 40 Bonbons.

So geht's: Die Macadamianüsse zerhacken. Den Honig, die Butter und die Sahne in einem kleinen Topf mischen und bei geringer Temperatur leicht erwärmen. In einem weiteren Topf den Zucker karamellisieren. Aufpassen, dass er nicht zu braun wird! Die warme Honigsahne in den Zuckerbrei gießen und den Topf vom Herd ziehen. Kräftig rühren, bis eine gleichmäßige Masse entstanden ist.

Anschließend werden die Macadamianüsse untergehoben. Alles in eine rechteckige, gefettete Form geben und komplett abkühlen lassen, bis die Masse fest geworden ist. In Stücke schneiden und einzeln in Backpapier einwickeln. Naschen ausdrücklich erwünscht!

Furoshiki

Fernöstliche Verpackungskunst. In Japan werden Geschenke traditionell in Stoff statt in Papier gehüllt. Finden wir richtig gut. Denn das Tuch lässt sich wunderbar wiederverwenden. Einfach an vier Ecken packen, um das Präsent knoten und den Gabenanblick immer wieder neu genießen!

Claudia Baske

Fest und Flocke

Claudi und Phil, Kreativköpfe und Langsamleben-Liebhaber, residieren mit ihren vier Kindern in den bayerischen Bergen. Dort zelebrieren sie nicht nur einen sehr bewussten, wunderbar unhektischen und außerordentlich alltagsschönen Lifestyle – sondern auch einmal im Jahr den Zauber weißer Wohlfühlweihnachten. Eine Gefühlsanleitung.

Was magst du an Weihnachten am liebsten?

In der dunklen Jahreszeit und gerade zu Weihnachten gehören für mich Kerzenschein und Kaminfeuer zu meinen absoluten Lieblingsdingen. Dieses flackernde Licht, die gemütliche Atmosphäre, die es verbreitet, dabei eingekuschelt auf dem Sofa sitzen, erzählen, Zimtschnecken futtern und gemeinsam Kinderpunsch trinken. Das ist für mich Weihnachtsstimmung pur.

Hast du eure Traditionen selbst entwickelt oder stammen sie aus deiner eigenen Kindheit?

Wir haben mit den Jahren unsere eigenen Traditionen erschaffen. Sie sind eine Mischung aus verschiedenen Ideen, die uns speziell für unsere Familie passend erschienen. Vor allem haben wir gemerkt, dass Zeit so viel wertvoller ist als jedes Geschenk. Natürlich freuen sich besonders die großen Mädchen jedes Jahr sehr darauf, einen Wunschzettel an das Christkind zu schreiben. Die Geschenkwünsche werden aber immer weniger und bedachter. Das ist schön zu sehen!

Deine liebsten Bräuche rund um den Heiligen Abend?

Eine meiner schönsten Kindheitserinnerungen ist, wie ich mit meiner Omi in ihrer winzigen Küche Berge von Weihnachtsplätzchen backe. Ich sehe sie noch neben mir sitzen, immer mit einem Lächeln im Gesicht, während alles um sie herum in Schokolade und Streuseln versinkt. Von daher gehört das gemeinsame Plätzchenbacken bis heute zu meinen liebsten Bräuchen in der Adventszeit. An Heiligabend selbst ist es das Strahlen der Kinder, wenn wir von unserem obligatorischen Weihnachtsausflug zurückkehren. Wir richten es immer so ein, dass sie dann das kleine Glöckchen vom Christkind so gerade noch erklingen hören. Sie flitzen immer sofort los, um das holde Wesen in diesem Jahr endlich doch auch mal zu Gesicht zu bekommen. Wirklich schade, dass das nie klappt.

Wir richten es immer so ein, dass sie dann das kleine Glöckchen vom Christkind so gerade noch erklingen hören. Sie flitzen immer sofort los, um das holde Wesen in diesem Jahr endlich doch auch mal zu Gesicht zu bekommen. Wirklich schade, dass es nie klappt.

Inwiefern bestimmen die Flocken euer Fest in den Bergen?

Der Schnee verstärkt definitiv den Zauber der Weihnachtszeit. Die Ruhe, die durch die weiße Decke automatisch entsteht, das Glitzern der Flocken im Sonnenlicht und der abendliche Glanz durch die geschmückten, erleuchteten Häuser. Diese Szenerie macht es einfach noch mal ein kleines bisschen wundervoller.

Was hat sich verändert, seit ihr mit vier Kindern Weihnachten feiert?

Es ist lauter und wilder geworden. Unser Tisch ist bald zu klein. Und die Plätzchen werden noch schneller aufgefuttert – so fix können wir gar nicht nachbacken. Aber es funkeln da auch immer vier Paar Kinderaugen neben dem Weihnachtsbaum. Unsere Dankbarkeit dafür lässt sich kaum in Worte fassen.

Josi Nick

Auf die Masche, fertig, los!

Winter ohne warme Hände? Geht gar nicht, finden wir – und haben deshalb unsere herzbeste DIY-Allrounder-Königin Josi gefragt, wie man die ultimativen Fäustlinge strickt. Hier kommt ihre Anleitung.

Achtung: Ein paar Vorkenntnisse sind nötig. Aber wer schon mal mit der Stricknadel hantiert hat, sollte mit der Fertigung dieser kuscheligen Handschuhe gut klarkommen!

So geht's: Zehn Maschen pro Nadel mit der Wolle einer Farbe mit einem Nadelspiel anschlagen (40 Maschen), jede Runde mit dem Maschenmarkierer markieren.

Bündchen: Das Bündchen sollte etwa 9-10 cm lang werden: Dazu im Wechsel eine Masche rechts verschränkt (d. h. »verdreht« vorgehen, damit im Strickstück Akzente und leichte Muster entstehen) und eine Masche links stricken.

Zunahme für den Daumen (insgesamt zehn Maschen):

- Die Farbe wechseln und ab hier nur noch glatt rechts stricken.
- Zunahme nur bei der 1. und 2. Nadel (heißt: Nadel rechts stricken, bis nur noch eine Masche auf der Nadel ist, eine Masche aus dem Querfaden rechts verschränkt herausstricken, letzte Masche rechts stricken.)
- Auf der 2. Nadel die erste Masche rechts stricken, eine Masche aus dem Querfaden rechts verschränkt herausstricken, dann die Runde wie gewohnt rechts zu Ende stricken.
- Drei Runden ohne Zunahme stricken.
- Die Zunahmerunde noch viermal wiederholen (insgesamt also fünfmal) – das entspricht 50 Maschen (15/10/15/10).

Maschen für den Daumen stilllegen (insgesamt zehn Maschen):

- Die 1. Nadel rechts stricken bis zu den letzten fünf Maschen.
- Nun die fünf letzten Maschen der 1. Nadel und die fünf ersten Maschen der 2. Nadel auf eine große Sicherheitsnadel oder ein Stück Garn ziehen und sichern (stilllegen).
- Jetzt vier Maschen auf der 1. Nadel neu aufnehmen, zwei Maschen auf die 2. Nadel schieben, die restlichen Maschen rechts stricken und zur Runde schließen. Insgesamt sind es jetzt 44 Maschen auf den Nadeln.

Jetzt weiter rechts stricken (etwa 14 Reihen), dann die Farbe wechseln und weiter rechts stricken, bis die Höhe der Spitze des kleinen Fingers erreicht ist.

Abnahme Fingerspitzen:

- Für die Abnahmerunde rechts stricken bis zu den letzten drei Maschen auf der 1. Nadel.
- Nun zwei Maschen rechts zusammenstricken, die letzte Masche rechts stricken, die erste Masche der 2. Nadel rechts stricken, dann die nächsten zwei Maschen ebenfalls rechts zusammenstricken und bis zu den letzten drei Maschen der 3. Nadel rechts stricken.
- Nun zwei Maschen rechts zusammenstricken, die letzte Masche rechts stricken, die erste Masche der 4. Nadel rechts stricken, dann die nächsten zwei Maschen zusammenstricken und bis zum Rundenende glatt rechts stricken. Insgesamt sind es jetzt noch 40 Maschen auf den Nadeln.

Zutaten:

ein Nadelspiel passend zur Maschenprobe (3,5-4)

150 g Wolle (hier: Lopi/Léttlopi, je 50 g pro von euch ausgesuchter Farbe, wir empfehlen mindestens drei verschiedenfarbige Knäuel)

Maschenmarkierer

eine große Sicherheitsnadel zum Stilllegen der Maschen

• Nach der ersten Abnahmerunde drei Runden glatt rechts stricken.
• Die Abnahmerunde wiederholen, dann drei Runden glatt rechts stricken.
• Die Abnahmerunde wiederholen, dann eine Runde glatt rechts stricken.
• Das viermal wiederholen, danach in jeder Runde abnehmen, bis nur noch zwei Maschen je Nadel übrig sind.
• Diese Maschen zusammenziehen und vernähen.

Daumen stricken:

• Jetzt mit drei Nadeln stricken.
• Es müssen zehn neue Maschen aufgenommen und mit den stillgelegten Maschen auf die drei Nadeln verteilt werden (7/6/7).
• Bis zum Beginn des Daumennagels rechts stricken.
• Nun mit der Abnahme der Spitze anfangen: Die äußeren Maschen der drei Nadeln zusammenstricken, eine Runde glatt rechts,

dann so lange die äußeren Maschen der drei Nadeln zusammenstricken, bis jeweils zwei Maschen auf den Nadeln übrig sind, den Faden vernähen, FERTIG!

Und jetzt ab zur Schneeballschlacht!

@joe.seattle

SCRABBLE
Surf Shacks

Zipfelmützenroter Gugelhupf

Zutaten:

250 g Butter (weich)
320 g Zucker
1 Päckchen Vanillezucker
5 Eier
500 g Mehl
1 Päckchen Backpulver
100 ml Milch
1 Tafel dunkle Schokolade
4 EL Puderzucker
2 EL Johannisbeersirup
ein Stück weiche Butter für die Form

Der Gugelhupf ist definitiv der Klassiker unter den Rührkuchen. Vor allem wegen seiner gemengten Einfachheit sowie der Teigresteschleckparty im Anschluss an den Eier-aufschlagen-und-bloß-nicht-das-Backpulver-vergessen-Vorgang. Und mit roter Johannisbeerglasur wird aus dem Geburtstagsrührwerk sogar ratzfatz ein Weihnachtsbackwunder. Frohes Vernaschen!

So geht's: Die Form mit Butter einfetten und den Backofen auf 180 °C vorheizen (Umluft). Nun Butter, Zucker und Vanillezucker in einer Schüssel schaumig schlagen. Die Eier nach und nach hinzugeben. Das Mehl mit dem Backpulver mischen und abwechselnd mit der Milch unterrühren. Die Schokolade hacken und vorsichtig unter den Teig heben. Den Teig in die Form füllen, das Ganze in den Ofen schieben und etwa 60 Minuten lang backen.

Während der Backzeit den Ofen nicht öffnen, damit der Kuchen nicht zusammenfällt. Anschließend den Gugelhupf gut abkühlen lassen. Erst dann aus der Form stürzen. Puderzucker und Johannisbeersirup mischen und über den Kuchen tropfen lassen – fertig!

Kurz vor Weihnachten gewinnt das Licht, denn dann werden die Tage endlich wieder länger. Von einem magischen Wechsel und seiner kultigen Bedeutung.

Wintersonnenwende

Während wir auf Weihnachten zukuscheln, werden draußen die Tage immer dunkler, immer kürzer und, falls kein Schnee liegt, auch meist immer weniger einladend. Lieber drinnen bleiben und Kekse futtern, so die Empfehlung im Jahreskreisbuch. Doch kurz vor knapp, am 21. Dezember nämlich, schlägt die Zeit unserer Heimeligkeit gewissermaßen ein Schnippchen. Denn ab diesem Tag wird's draußen wieder lichter.

Wir passieren den kürzesten Tag des Jahres, der im Heiligabendtrubel inzwischen oft völlig untergeht. Zu Unrecht, wie wir finden. Denn während im Anschluss an die oft und gerne besungene Sommersonnenwende klar ist, dass demnächst die Finsternis über uns hereinbricht, duftet die Erwähnung von längeren, helleren Tagen bereits nach Schneeglöckchen und Sonnenschein. Völlig unpassend vor Weihnachten, schon klar. Trotzdem hat die Wintersonnenwende diese Art Stiefmütterlichkeit nicht verdient. Man blicke etwa gen Vereinigtes Königreich. Dort pilgern sommers wie winters Tausende in Sachen Sonnenwende zur Kultstätte Stonehenge, um zwischen Steinen und Staub der Mystik des Lichts hinterherzuspüren. Andernorts werden Friedensfeuer entzündet und die Flammen mit rabenschwarzen, auf Papier gepinselten Gedanken gefüttert.

Zu Ruhm und Ehre gelangte die Wintersonnenwende tatsächlich schon lange bevor die Hirten gen Krippe aufbrachen, um dem Mini im Stroh zu huldigen. In vielen Kulturen wurde und wird seit Jahrtausenden eine Geburt gefeiert – die des Lichts nämlich. Bedeutungsmäßig liegen die Events also durchaus nahe beieinander. Besonders partykeck waren die Kelt:innen und German:innen unterwegs. Die haben sich nämlich nicht mit einer lichten Nacht, ihrem »Julfest« am 21. Dezember, begnügt, sondern zwölf sogenannte »Rauhnächte« direkt im Anschluss zelebriert. Im Allgäu und in den Alpenländern immer noch ein beliebter Brauch. Uns jedenfalls reicht eine Wintersonnenwendennacht im Jahr. Und Hand aufs Herz: Riecht ihr an diesem Tag neben dem ganzen Tannennadel- und Pfefferkuchenduft nicht auch schon den Frühling?

Kristi Reed

Magie und Mexiko in Montana

Weihnachtlicher als im Wilden Westen kann man kaum leben. Denn dieses Stück amerikanisches Nirgendwo kommt so verschneit und weit und gemütlich daher wie kaum ein anderer Fleck Welt. Damit nicht zu viel Winter-Perfektion aufkommt, füllt Kristi einfach mit mittelamerikanischem Sonnenfutter auf.

Was magst du an Weihnachten besonders gerne?

Die Freude, die das Fest meinen Kindern bringt. Sie verstehen es, den Zauber gänzlich aufzusaugen und die ganze Welt um sie herum damit zu sprenkeln.

Habt ihr ein Lieblingsgericht?

In meiner Familie gab es an Weihnachten schon immer mexikanische Tamales zu essen. Das ist mit Köstlichkeiten gefüllter Maisteig, der in Pflanzenblätter geschnürt gedämpft wird. Manchmal basteln wir diese Päckchen selbst, manchmal kaufen wir sie im örtlichen mexikanischen Restaurant. So oder so, Tamales sind immer ein Genuss!

Deine Devise beim Dekorieren?

Ich habe mir vorgenommen, nur so viel Dekoration zu sammeln, wie in eine Aufbewahrungsbox passt. Insofern halte ich es beim Schmücken minimalistisch. In diesem Jahr habe ich zum ersten Mal selber Kränze aus kleinen Ästen gebastelt, die ich im Garten gesammelt habe. Das wird künftig mein neues Lieblingsfestprojekt, glaube ich. Wir haben außerdem traditionellen Weihnachtsschmuck von meinem Mann und aus meiner Kindheit, den wir an den Baum hängen. Und dann habe ich noch ein paar Lieblingsstrümpfe, die wir am Kamin befestigen. Das war's auch schon!

Wie hast du Weihnachten als Mini-Wichtel erlebt?

Meine Kindheitsweihnachten waren auf ihre vorstädtische, bürgerliche Art immer wieder magisch. Jedes Jahr sind wir ins Einkaufszentrum gegangen, um auf den Schoß des Weihnachtsmannes zu klettern. Wir waren im nächstgelegenen Park rodeln und haben anschließend alle klassischen Weihnachtstrickfilme durchgeschaut. Schöner konnte das Fest gar nicht sein!

перепелочка

Getrocknete Orangenscheiben

Zutaten:

Orangen
Nadel
Schnur

optional: weihnachtliches Grünzeug

Wer die Cranberry-Kette mag (S. 31), wird auch diese Girlande lieben. Sie macht sich genauso simpel, stimmt ebenso munter und duftet ziemlich saftig. Also ran an die Orangen und losgebastelt!

So geht's: Die Orangen in Scheiben (ca. 1 cm dick) schneiden und auf dem Gitterrost des Backofens vier Stunden lang bei 100° C trocknen. Backblech drunter schieben für den Fall, dass die Orangen sehr viel Saft verlieren. Die getrockneten Orangen auf der Schnur auffädeln. Wer mag, pimpt noch mit Tannengrün!

Snackteller

classic
Orangen
getrocknete Cranberrys
Pfeffer-kuchen
(REZEPT S.94)

Healthy
Energyballs*
Äpfel
gefriergetrocknete
Erdbeeren

Zutaten (15 Stück):

1 Handvoll Mandeln
1 Handvoll Cashewkerne
3 EL Kakao (+ etwas, um die Bälle darin zu wenden)
1 Prise Zimt
6 Datteln (entsteint)
optional Kokosflocken

So geht's: Die Mandeln und die Cashewkerne bei 150 °C (Umluft) für 20 Minuten im Ofen rösten (zwischendurch immer wieder kontrollieren, damit sie nicht ankokeln). Die knusprigen Nüsse anschließend zusammen mit allen anderen Zutaten in den Mixer geben und so lange durchmixen, bis alles zu einer halbwegs homogenen Masse verschmolzen ist. Danach den Teig zu kleinen Bällchen formen und im Kakao oder in den Kokosflocken wenden. Genießen und Power tanken! Im Kühlschrank sind die Bällchen etwa fünf Tage haltbar.

Ida Lauga

God Jul total!

Bei der Interior-Stylistin Ida Lauga findet Weihnachten in jeder Ecke ihres Hauses statt. Kein Wunder, denn in Schweden braucht es einfach Pfefferkuchen, Kissen und Kerzenschein, um die schwarzen Dezembertage licht zu machen. Ida nimmt noch ein paar Bänder dazu.

Ist Weihnachten in Schweden nicht ziemlich düster?

Tatsächlich habe ich alle Jahre wieder in diesen Wochen vor dem Fest das Gefühl, dass die ganzen schmucken Verzierungen wirklich nötig sind, um überhaupt mit der Dunkelheit umgehen zu können. Wir machen die schwarzen Tage also immer bewusst zu etwas ganz besonders Gemütlichem und Schönem. Ich liebe diesen Teil der Vorbereitung.

Was ist euch beim Weihnachtskuscheln als Familie besonders heilig?

Eigentlich alles. Gemeinsam zu basteln, zu dekorieren, einzupacken, zu kochen, zu essen. Ganz besonders mag ich es, an den vier Adventssonntagen die Kerzen anzuzünden. Natürlich steht auch das Baumschmücken hoch im Kurs. Und wir backen immer voller Wonne Lebkuchen zusammen.

Welche Köstlichkeiten kommen noch auf euren Tisch und Teller?

Mein Mann ist Franzose, am Herd sehr intuitiv und ich bewundere sein Können an jedem Tag des Jahres – außer an Weihnachten. Da geht es bei uns traditionell schwedisch zu. Mein Mann darf dann nichts zubereiten, weil ich will, dass jede Speise hundertprozentig heimisch gelingt. Die letzten Jahre habe ich dafür das benötigte Fleisch bei einem Bauernhof bestellt. Das hat den Schmaus noch schmackhafter gemacht.

Welchen Stil verfolgst du als Design-Expertin beim Schmücken?

Ich bin eher der minimalistische Typ. Ich liebe natürliche Dekorationselemente, Kränze und Girlanden aus Orangen und getrockneten Blumen. Bei mir weihnachtet es überall im Haus – auf eine sehr subtile Art und Weise.

Du bist passionierte Geschenkeeinpackerin. Worauf legst du bei der Umhüllung Wert?

Ich bewahre Tausende Bänder und Papiere in einem alten Schrank auf. Da bin ich ein bisschen verrückt. Ich sammle die Bänder nach dem Öffnen der Präsente sofort wieder ein, bevor sie mit dem Rest der Verpackungen in der Tonne landen. Dann verwende ich sie jedes Jahr aufs Neue. Am liebsten sitze ich bis spät in die Nacht vor meiner Sammlung und mache Stapel aus den ganzen fertigen, schönst mit Schnur verzierten Geschenken.

Was mochtest du als Kind an Weihnachten am liebsten?

Wie meine Kinder auch: die Tanne zu schmücken. Deshalb habe ich versucht, in meiner Familie ebenfalls eine besonders starke Tradition um diesen Vorgang herum zu entwickeln. Aber ich fand es auch toll, mit meiner Schwester die halbe Nacht vor Heiligabend aufzubleiben und den ganzen hellen Erwartungen entgegenzufiebern, die immer an das Fest geknüpft sind. An Weihnachten ist in Schweden einfach alles magisch.

@idalauga

Pepparkakor

Zutaten (ca. 50 Plätzchen):

100 ml Zuckerrübensirup
180 g Zucker
100 ml Milch
200 g Butter
2 TL Zimt
1 TL gem. Ingwer
1 TL gem. Nelken
1 TL gem. Kardamom
1 TL Natron
500 g Mehl

So geht's: Den Zuckerrübensirup, den Zucker und die Milch in einem Topf vermengen und unter ständigem Rühren kurz aufkochen. Die Butter dazugeben und abkühlen lassen. Alle Gewürze mit dem Mehl und dem Natron in eine Schüssel geben und mit der Zuckerrübenmischung verkneten. Der Teig muss eine recht feste Konsistenz haben. Bei Bedarf noch etwas Mehl hinzufügen. Nun sollte der Teig 48 Stunden im Kühlschrank ruhen, bevor er weiterverarbeitet wird. Nach der Wartezeit den Ofen auf 225 °C vorheizen (Umluft). Währenddessen den Teig in kleine Portionen teilen und auf einer bemehlten Arbeitsplatte ausrollen. Die Plätzchen ausstechen oder mit einem Messer herausschneiden.

Die Lebkuchen auf einem Backblech ca. fünf Minuten lang backen, bis sie goldbraun sind. Unseren Verzierungsguss findet ihr auf der nächsten Seite!

Weißer Zuckerguss

Zutaten:

2 Eiweiß
200 g Puderzucker
2 EL Zitronensaft

Schmückt eine ordentliche Menge Pepparkakor.

Was wären das Pfefferkuchenmännchen ohne Knöpfe, das Sternlein ohne Staub, die Tanne ohne Nadeln? Nüscht, genau! Deshalb braucht das würzige Teigwerk klebrige Zier zum vollendet veredelten Glücksknabbern.

So geht's: Das Eiweiß steif schlagen. Nach und nach Puderzucker untermischen. Am Ende den Zitronensaft hinzuträufeln. In Spritzbeutel abfüllen und loslegen mit dem Plätzchenpimpen.

Pfefferkuchenhaus

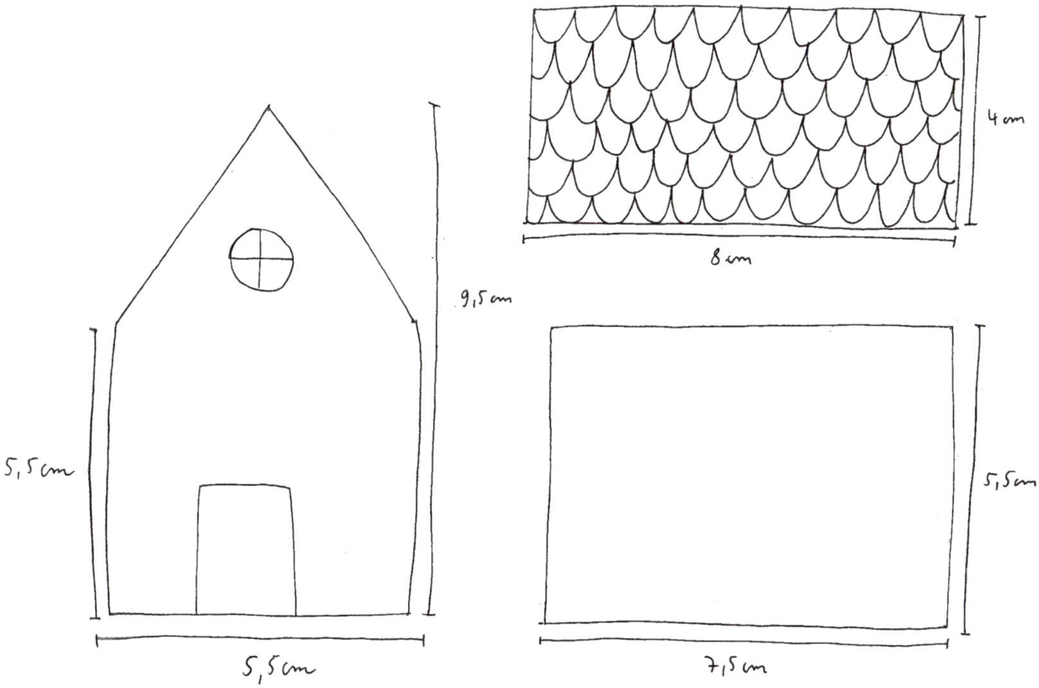

Rund um den 24. Dezember machen wir uns die Welt ganz so, wie sie uns gefällt. Deshalb haben diese Tage immer etwas von einem Besuch in der Villa Kunterbunt. Zeitliche Gesetzmäßigkeiten sind ausgehebelt, kulinarische ohnehin, und Konventionen machen Urlaub auf Taka-Tuka-Land. Jeder spielt, baut, bastelt, liest, so viel er mag, schläft, telefoniert, plaudert, futtert, bis der Espresso kommt. Es sind Tage, die zwischen der Zeit klemmen. Randvoll mit Muße und Eigensinn. Jeder fühlt sich super reich angesichts seiner Geschenkestapel. Auf dem Teller landen ähnliche Berge an Leckereien, wie Pippi sie nach ihrem Besuch im Bonbonladen unter den Kindern der Stadt verteilt. Und über allem liegt der Geruch von Kaminfeuer, Walnüssen – und Pfefferkuchen. Wer hat nicht schon mal davon geträumt, einen kleinen Onkel (fast) in Originalgröße in die Röhre zu schieben, auf dem Küchenfußboden zu spachteln und Teig zu naschen, bis die Hosen platzen?

Am allerliebsten basteln wir Pfefferkuchenhäuser. Einfach zwei Giebelseiten aus Teig, zwei Seitenteile und zwei Teile Dach ausschneiden, ordentlich Zuckerguss in jede Ritze pinseln, mit Guss wohnlich verzieren – und schon steht die Hütte.

Das Luciafest zu zelebrieren, gehört zu den schönsten Bräuchen im hohen Norden. Denn am 13. Dezember schweben nicht nur schneeweiße Wesen durch die frostigen Lande, sondern es gibt auch leckerstes Kringelwerk für alle!

Kerze, Kleid und Knusperei

Ob Astrid Lindgren das Luciafest im Sinn hatte, als sie ihre Birkenlund-Hauptdarstellerin am Weihnachtsmorgen wach werden und in den Schnee hinausjubeln ließ? Im weißen Nachtgewand, rein und rund und rosig – und so schnuffig, dass wohl jedes Mädchen im Madita-Alter schon mal heimlich davon geträumt hat, als schwedisches Zuckerdouble aus den Federn zu hüpfen.

Das Luciafest jedenfalls wird optisch ähnlich zelebriert wie der Weihnachtsmorgen bei den Engströms. Nur dass das weiße Nachthemdglück samt ungezähmter Haarpracht am 13. Dezember ganztägig gilt. Streng genommen muss es die älteste Tochter sein, die im Dämmerlicht ins zarte Kleid steigt, ein rotes Band um die Hüfte schlingt, einen Kerzenkranz auf den Wallewalleschopf setzt und mit ihrem Gefolge in die Kälte hinausstiefelt, um der Nachbarschaft Rührung, Gesang und Lussekatter zu bringen. So heißen die köstlichen Safrankringel, die im skandinavischen Raum gleichfalls ganztägig an Große und Kleine gereicht werden.

Nicht minder spaßig ist es allerdings, statt der Lucia eine Rolle in der ihr hinterherziehenden Prozession zu spielen. Dort hüpfen noch mehr weiße Wesen (tärnor) neben Sternenknaben (stjärngossar) und Pfefferkuchenmännchen (pepparkaksgubbar) neben Wichteln (tomtar). Fest steht: Das Luciafest macht alle Jahre wieder sämtliche Nordlichter ziemlich froh. Kein Wunder also, dass dieser Brauch langsam, aber sicher auch in andere Himmelsrichtungen schwappt. Wir jedenfalls backen voller Hingabe Lussekatter (Rezept auf der nächsten Seite). Die schmecken nämlich ganzjährig!

Lecker Lussekatter

Zutaten (30 Stück):

50 g frische Hefe
200 g Butter
400 ml Milch
200 ml Sahne
0,4 g Safranfäden
(3–4 Tütchen)
200 g Zucker
½ Teelöffel Salz
1 Ei
1,6 kg Mehl

zum Verzieren:
Rosinen
1 Eigelb

Zum Luciafest am 13. Dezember gibt es in Schweden köstliches Gebäck mit Safran. Lussekatter heißen die aus Hefeteig gerollten Schnecken. Wir haben nachgebacken, nachgefeiert, nachgefuttert – und sind einmal mehr begeistert von der guten Lebensart dort hoch im Norden.

So geht's: Die Hefe in eine Schüssel bröseln. Butter, Milch und Sahne in einem kleinen Topf auf höchstens 37° C erwärmen und dann die Safranfäden untermischen.

Etwas von der Flüssigkeit zu der Hefe in die Schüssel geben und so lange rühren, bis sich die Hefe aufgelöst hat. Erst dann die restliche Flüssigkeit hinzufügen und gut vermischen.

Das Ei, Zucker und Salz hinzufügen und gut verkneten, bis sich alles vermischt hat. Dann das Mehl (etwas zum Ausrollen aufheben!) hinzufügen und zu einem glatten Teig verarbeiten. Der Teig sollte noch etwas klebrig sein. Diesen an einem warmen Ort abgedeckt für ca. 40-60 Minuten gehen lassen. Er ist erst fertig, wenn er ungefähr doppelt so groß geworden ist.

Jetzt ist es Zeit, die Schnecken zu formen! Bevor es losgeht, das übrige Mehl auf der Arbeitsfläche verteilen. Den Teig noch einmal gut durchkneten, in gleich große Portionen teilen (eine Rolle formen und etwa daumendicke Stücke abschneiden) und die einzelnen Portionen zu einem »S« formen, die Enden dabei schön einkringeln.

Die Lussekatter auf ein mit Backpapier belegtes Backblech legen, dabei zwischen den einzelnen Teigstücken etwas Platz lassen.

Mit einem Geschirrhandtuch abdecken und noch mal für 30-45 Minuten an einem warmen Ort gehen lassen. Währenddessen den Backofen auf 220 °C (Umluft) vorheizen. Anschließend zwei Rosinen in die Schnecken drücken und mit geschlagenem Eigelb einpinseln.

Auf der mittleren Schiene des Backofens für ca. 7-9 Minuten golden backen. Abkühlen lassen und genießen! Sollte der eine oder andere Lussekatt übrig bleiben, noch am gleichen Tag einfrieren (sonst werden sie schnell trocken).

Stalldampf und Sternenstaub

Leah Spicer liebt ihre kleine Farm in Wisconsin und Dinge, die sie selber machen kann. Für den Milchgenuss melkt sie, wenn's kalt ist, heizt sie mit eigenhändig gehacktem Holz und ein Weihnachtsfest für ihre vierköpfige Familie bastelt sie selbst. Ein schimmernder Unabhängigkeitsbericht!

Was gefällt dir am besten an Weihnachten?

Am liebsten fälle ich den Baum. Wir bauen hier auf unserer Farm unsere eigenen Bäume an. Wenn die Tanne hereinkommt, verändert sich das ganze Haus. Dann weiß man: Jetzt steht Weihnachten vor der Tür. Ich liebe es aber auch, bis spät in die Nacht aufzubleiben, um den Adventskalender fertigzustellen, so zu tun, als ob man den Weihnachtsmann vom Fenster aus sieht, Weihnachtslieder zu hören und die Texte gemeinsam mitzuschmettern, Plätzchen zu backen, Popcorn aufzufädeln! Diese ganze magische Inszenierung ist das, was mir wirklich das Gefühl gibt, die Mutter zu sein, die ich immer sein wollte. Das erfüllt mich mit Wärme und Hoffnung und Freude.

Was ist dir und deiner Familie an Weihnachten heilig?

Von den vielen Traditionen, die wir als Familie haben, gibt es drei, die sich so besonders anfühlen, dass sie tatsächlich fast heilig sind. Die erste besteht darin, dass meine Schwester und ich, seit wir erwachsen sind, an Heiligabend immer eine »Bûche de Noël«, eine schokoladige Biskuitrolle, zubereiten. Lecker, spaßig und kreativ ist das. Der zweite Brauch hat auch mit Essen zu tun. Seit ich denken kann, gibt's bei uns am Weihnachtsmorgen »Pecan Sticky Buns«. Der warme Hefegeruch, das süße, klebrige Karamell, die knusprigen Pekannüsse – diesen Strauß an Aromen und Zutaten zu futtern, ist einer meiner liebsten Feiertagsgenüsse. Unsere dritte Tradition: echte Kerzen auf den Baum stecken. Es gibt nichts Gemütlicheres, als gemeinsam in ihrem Schein unter der Tanne eine Weihnachtsgeschichte zu lesen.

Was kommt bei euch auf den Tisch?

Wir machen immer ein großes Weihnachtsessen. Es gibt so viel, unter anderem einen traditionellen Braten, Kartoffeln, Erbsen, Möhren, Brötchen, Röstzwiebeln, Linzer Kekse, Schokolade, Eierlikör, Cocktails, Wein. Wenn ich nur daran denke, läuft mir schon das Wasser im Mund zusammen. Das Kochen an Weihnachten fühlt sich nie wie eine lästige Pflicht an, sondern eher wie ein fröhliches, ganztägiges Fest.

Du schmückst, bastelst, dekorierst für dein Leben und rund ums Jahr gerne. Was passiert an Weihnachten?

Ich werde verrückt. Und zwar auf die bestmögliche Art und Weise. Das ganze Jahr über führe ich eine Liste mit Dekorations-, Aktivitäts- und Verzierungsideen. Und dann versuche ich, so viele wie möglich während der Weihnachtszeit umzusetzen.

Deine liebste, glitzerndste Kindheitserinnerung?

Auch wenn das in Wisconsin nicht üblich ist, durften wir unsere Geschenke immer schon an Heiligabend öffnen – unter dem Vorwand, dass wir den Weihnachtsmann erwischt haben. Nach dem Abendessen taten wir immer alle so, als wären wir müde und müssten schlafen gehen. Dann stapelten wir uns im großen Elternbett, erzählten Geschichten, sangen Lieder, gaben vor, einzuschlummern. Plötzlich ein Poltern und Schlurfen. Manchmal sogar Hufgetrappel auf dem Dach. Das Läuten der Glocken am Weihnachtsmannschlitten. Wir stürzten nach unten. Ein Berg von Geschenken unter dem Baum. Natürlich fielen wir drüber her und machten sie alle auf.

CRAFT

@leahspicer
www.tomkittengoods.com

Kürbissuppe

Zutaten:

1 Hokkaido-Kürbis
6 Möhren
1 daumengroßes Stück Ingwer
1 Zwiebel
Olivenöl zum Dünsten
1 Liter Gemüsebrühe
1 Dose Kokosmilch
2 EL Orangensaft
1 EL Misopaste
Olivenöl
Pfeffer
1 EL schwarzer Sesam

Ist simpel, macht satt, schmeckt saulecker. Die Kürbissuppe ist unser Favorit unter den Winterwärmern. Rund um Weihnachten dampft diese Version besonders köstlich – denn gepaart mit Kokosmilch ist sie ein milder Magenschmeichler nach zu viel Zimtsternzirkus und Pfefferkuchenspirenzchen.

Füllt vier Hungrigen den Bauch – plus zwei Portionen für das Gefrierfach.

So geht's: Den Kürbis, die Möhren, den Ingwer und die Zwiebel schälen, würfeln und in Olivenöl andünsten. Mit der Brühe aufgießen und für etwa 20 Minuten weich kochen. Anschließend mit Schmackes fein pürieren. Wer schafft es, sich dabei nicht zu beschmaddern? Nun die Kokosmilch, den Orangensaft und die Misopaste unterrühren. Achtung: Die Paste ist sehr salzig, deswegen gut abschmecken und nur sachte nachsalzen. Pfeffer verträgt das Süpplein indes, also ruhig ausreichend Brösel in den Topf pulvern. Das würzige Ergebnis in Schüsseln schütten, mit schwarzem Sesam garnieren und genießen. Dazu schmeckt knuspriges Brot mit Butter.

CHWESTER

Papier-Girlande

Zutaten:

Tonpapier
Schere
Kleber

Und noch ein wunderschöner selbst gemachter Weihnachtsschmuck. Wer einmal angefangen hat, kann gar nicht mehr aufhören mit der kunterbunten Verlängerung. Wetten?

So geht's: Aus dem Tonpapier Streifen schneiden (etwa 21 cm x 2 cm). Einen Streifen zu einem Rund zusammenkleben. Den nächsten Streifen ins Rund fädeln und ebenfalls zusammenkleben – und immer so weiter, bis die gewünschte Girlandenlänge erreicht ist!

Ach du dickes Knallbonbon

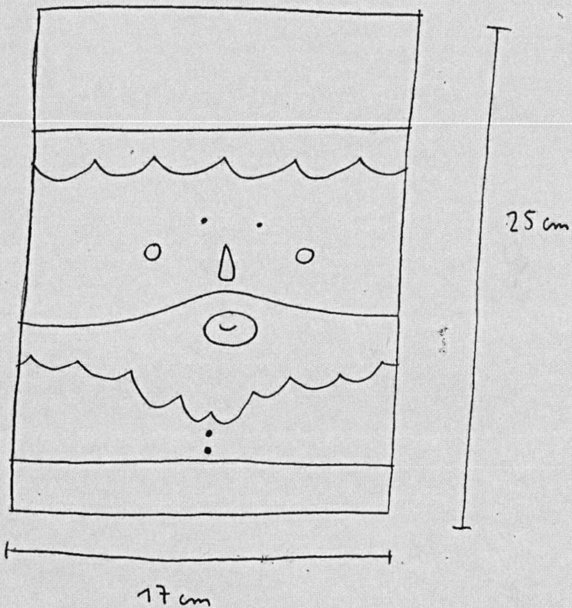

Füllen, verpacken, verzieren, auseinanderrupfen – alles Dinge, die das Weihnachtsfest lieblich machen. Am lebhaftesten funktioniert der heilige Vorgang mit diesen lustigen Knallbonbons.

Zutaten:

eine Klopapierrolle
Papier
Stifte
Klebeband
eine Schnur
kunterbunten Füllinhalt

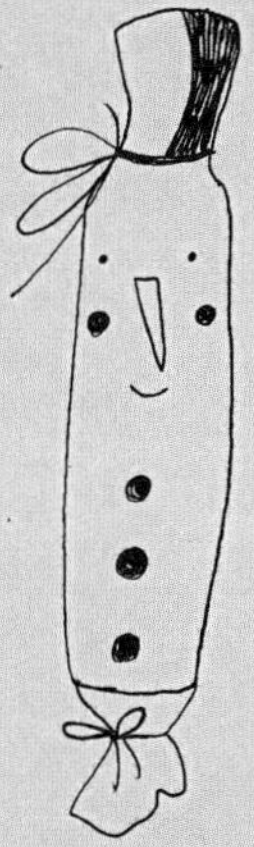

So geht's: Das Papier weihnachtlich bemalen und so zuschneiden, dass es oben und unten länger als die Klopapierrolle ist. Um die Klopapierrolle wickeln und festkleben. Die eine Papierseite mit der Schnur umwickeln und so verschließen. Nun befüllen. Zum Beispiel mit Naschereien und anderen süßen Nettigkeiten. Aber auch als Behältnis für Schmuck oder Gutscheine eignet sich diese Knallbonbon-Verpackung vortrefflich. Die andere Seite anschließend auch mit einer Schnur verknoten.

Russische Karamell-Äpfel

Getunkt und geknuspert von Anna Merkurova, Moskau

Zutaten:

6 mittelgroße Äpfel
Holzspieße
250 g Zucker
120 ml Wasser
1 EL Zitronensaft
etwa 50 g gehackte Nüsse, Krokant, Streusel o. Ä.

optional: 1 Tropfen roter Farbstoff

So geht's: Nüsse, Krokant und/oder Streusel in einen tiefen Teller geben. Die Äpfel waschen, trocknen und in die Mitte jedes Apfels einen Spieß stecken. Den Zucker in einen kleinen Topf geben. Wasser und Zitronensaft hinzufügen und bei mittlerer Hitze rühren, bis sich der Zucker aufgelöst hat. Sobald die Mischung anfängt zu kochen, zunächst aufhören zu rühren. Einkochen lassen und immer wieder umrühren, bis eine cremige Karamelllösung entstanden ist. Den Topf vom Herd nehmen, nach Belieben den roten Farbstoff hinzufügen und noch einmal gut verrühren, bis alle großen Blasen verschwunden sind und die Farbe sich verteilt hat. Karamell kühlt sehr schnell ab und wird hart. Deshalb flott einen ersten Apfel am Spieß in die klebrige Süße tauchen und darin herumschwenken, bis er ganz und gar mit Karamell überzogen ist. Die glasierte Frucht in der Pfanne abtropfen lassen und in den Teller mit den Nüssen und Co. tunken, bis alle gewünschten Apfelbacken bedeckt sind. Nun die anderen Äpfel karamellisieren, in der Nussmischung baden – und loslegen mit dem Knusperknusperknäuschen!

Die Liebe zum Kochen wurde Anna in die Wiege gelegt. Schon als Kind schmulte sie ihrer Mutter und Großmutter so lange über die Schultern, bis sie in der Lage war, die hauchdünnsten Crêpes selbst zuzubereiten. Da es in Annas Familie keine besonderen Weihnachtstraditionen gab, fing die Food-Fotografin einfach an, ihre eigenen zu kreieren. Weihnachtszuckrigkeiten mag sie bis heute ganz besonders gerne. Neben Lebkuchenplätzchen gehören für sie vor allem Karamelläpfel zum unverzichtbaren Schmausglück an Heiligabend. Denn schon die Zubereitung ist ein pfundiges Abenteuer. Wunderschön sind die Rotbäckchen außerdem – und himmlisch schmackhaft eh.

@annamerkurova
www.annamerkurova.com

Papiersterne

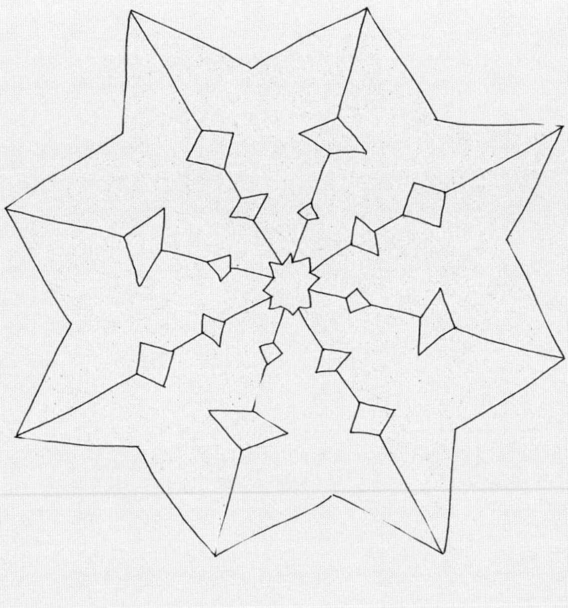

Friede, Freude, Kufenspaß

Amanda Jane Jones ist Grafikdesignerin und Art-Direktorin. Kürzlich hat es sie mitsamt ihrer dreiköpfigen Rasselbande und ihrem Mann berufsbedingt aus dem quirligen Chicago nach Utah verschlagen. Mitten hinein ins atemberaubende Naturspektakel. Ihrer Liebe zu Weihnachten hat der Ortswechsel keinen Abbruch getan, im Gegenteil. Am liebsten mag Amanda an Weihnachten nämlich, dass die Menschen – egal, wo auf der Welt – ein bisschen freundlicher, großherziger und großzügiger miteinander umgehen. »Das bringt Frieden«, glaubt sie. Butterkekse und Bücher findet sie aber auch ziemlich himmlisch.

Amanda, wovon träumst du in hochheiliger Zeit?

Von einem gemeinsamen Weihnachtsfest. Ich kann mit allem umgehen. Solange ich mit meiner Familie zusammen bin!

Deine drei liebsten Weihnachtstraditionen?

An Heiligabend gehen wir immer Schlittschuhlaufen. Um die Geburtsstunde in ihrer ganzen klirrenden Winterlichkeit nachzufühlen. Ich bin eine sehr religiöse Person, teile diese Seite von mir aber nicht leichtfertig mit der Welt. Da bin ich ein wenig schüchtern. Außerdem bemühen wir uns in jedem Jahr, als Familie bei einer Handvoll Projekten Gutes zu tun. Wir bringen Obdachlosen Gaben, besorgen Geschenke für Familien, die sich das nicht selbst leisten können, stellen Freunden Kleinigkeiten vor die Tür. Wir haben außerdem einen Bücher-Advent gestartet. An allen 24 Tagen bis Weihnachten lesen wir zusammen ausgewählte Weihnachtsliteratur. Eine für uns vollkommen neue Erfahrung. Ich liebe diese Tradition schon jetzt und kann's gar nicht abwarten, sie künftig Jahr für Jahr zu wiederholen.

Dein Lieblingsessen?

Zimtschnecken und Sugar Cookies (Anm.: die amerikanische Variante vom Butterkeks)!

Welcher Typ Weihnachtsschmuck bist du?

Ich bin eher minimalistisch unterwegs – mit einem Hauch von Spleen! Außerdem besitze ich viele geerbte Vintage-Weihnachtsdekostücke. Als ich ein Kind war, haben wir immer eine Weihnachtsbaum-Schmückparty veranstaltet. Das mache ich mit meiner Familie jetzt auch. Wir bereiten leckeres Essen zu, drehen die Weihnachtsmusik auf, tanzen um den Baum und dekorieren. Diese Weihnachtstradition gehört zu meinen liebsten!

Silent Night
WHITE SNOW
BRIGHT SNOW

Dein Lieblingsweihnachtslied?

»I'll be home for Christmas«! Dieser Song zurrt und zerrt immer an meinen Herzenssaiten!

Verrätst du uns deine herzigste Weihnachtserinnerung?

Nie werde ich diese Woche als Kind zwischen Weihnachten und Neujahr vergessen. Dann haben meine Eltern, Geschwister und ich es uns immer gemütlich gemacht. Wir haben Bücher gelesen, Filme geschaut, mussten nicht vor die Tür und durften die ganze Zeit im Schlafanzug bleiben. Das war das Größte.

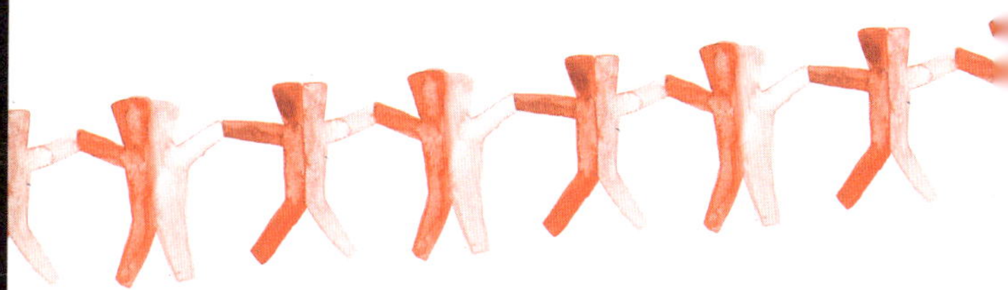

Falalalala

M N O P
R S T U

Punch-Needle - Pipapi

Zutaten:

eine Punch Needle
(auch Stanznadel oder
Stickstanze genannt)
grob gewebten Mönchstoff
oder Sackleinen
verschiedenfarbige Wolle
Stoffreste
einen Stickrahmen
Füllwatte
Textilkleber
einen Stift

Ein paar Zutaten braucht es zwar für diesen famosen Bastelspaß. Doch die Anschaffung lohnt. Denn wer einmal angefangen hat mit dieser Schlaufenstick-auf-Stoff-Malklebetechnik, kann unserer Erfahrung nach ganzjährig nicht mehr davon lassen.

So geht's: Zuerst den Mönchstoff auf den Stickrahmen spannen. Wer mag, malt nun die gewünschte Form mit einem Stift auf den Stoff. Wer mit Minis werkelt, kann aber auch einfach frei nach Schnauze los punchen. Den Faden in der gewünschten Farbe in die Punch-Needle fädeln und fröhlich los stanzen. Im Grunde ist punchen nichts anderes, als mit Wolle auf Textil zu malen. Ist ein Element fertig, den Faden abschneiden und mit der nächsten Farbe weiterpunchen. Wenn das Werk komplett schillert, müsst ihr die Schlaufen auf der Rückseite mit Textilkleber verkleistern (sonst löst sich die schöne Kunst direkt wieder auf). Anschließend das Kunstwerk ausschneiden und nun den Stoff mit groben Stichen auf die Rückseite des Punch-Bildes nähen (oder auch einfach kleben). Dabei eine kleine Lücke lassen, um die Füllwatte zum Aufbauschen hineinzufriemeln. Zumachen. Aufhängeschlaufe dranbasteln und das Kunterbunt an den Baum bammeln. Oder als Kuscheltier benutzen. Und am besten einfach direkt noch ein Punch-Exemplar in Angriff nehmen!

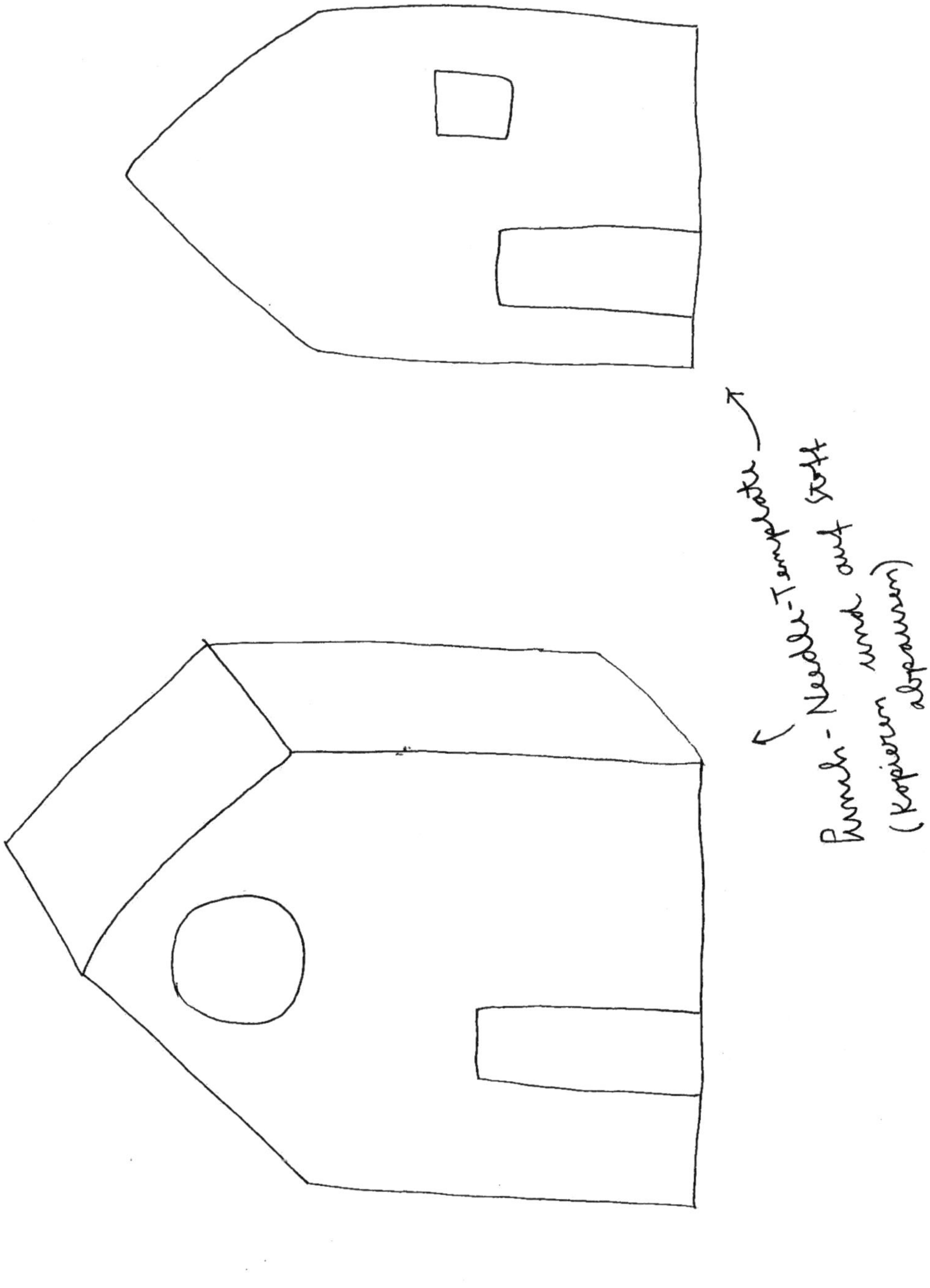
Punch-Needle-Template
(Kopieren und auf Stoff abpausen)

Ach du liebes Tännchen!

Welche Art Nadelzweig darf woher beschafft und wie geschmückt in der Stube schimmern? Gibt's echte Kerzen oder elektrisches Funkeln? Und wie und wann zieht der Baum wieder aus? Eine tannengrüne Weihnachts-Typologie.

Die Naturfrösche

Nur die Harten kommen in den Wald; klar, dass die Naturfrösche ihren Baum selber umhauen. Jahr für Jahr schnappen sie sich die Kettensäge, rücken dem Laub zu Leibe und schnüren ihr Erlegtes anschließend mit Jutestrippen auf dem Dach ihres klapprigen Kombis fest. Gerade gewachsene Nadelschönheit ist den Naturfröschen wurscht. Der Baumständer daheim gusseisern, was sonst – ob die schweren Dinger in schwarz und mit Schrauben dran praktisch sind, juckt die Naturfrösche gleichsam wenig. Zum Fest gehört eben, dass der Baum auch mal Schieflage entwickelt – oder umfällt. Die Naturfrösche schlagen gerne zeitig und schmücken mit Vorlauf. Dann hat man einfach länger was vom Tannenschein der eigenen Hände Arbeit. Ans Gezweig kommt Strohiges, Geerbtes und ein Hauch von Rot. Die Naturfrösche mögen's ursprünglich. Nur hinten raus sind sie unbeugsam: Kaum ist das Fest rum, fliegt der Baum in hohem Bogen aus dem Fenster. Und die Werkbank rückt wieder vors Stubenfenster, eh klar.

Die Kunterbunten

Die Kunterbunten passen nicht so recht in die vorweihnachtlich-deutsche Glanz- und Glitzerwelt. Zum Glück. Denn was wäre die Stimmung rund um den hochheiligen Abend fad, wenn es die Remmidemmi-Kasper nicht gäbe? Die Kunterbunten versuchen zwar mitunter, ihre Vorliebe für nicht ausgereiftes Farbenspiel, Kugelchaos und Lamettagehänge hinter einem Erklärungshauch von Bunt zu verstecken. Oft trinken sie sich das Ergebnis auch mit einem ordentlichen Punsch schön. Finden wir aber überflüssig, denn: Weihnachten braucht die ehrlich erfrischenden Weihnachtsknallköppe wie der Pfefferkuchen seinen Zuckerguss. In echt sieht der adventliche Alltag bei den Kunterbunten nämlich so aus: Sie bammeln einfach alles hemmungsfrei an den Baum, was nicht niet- und nagelfest ist, was glitzert, blinkt und knallt. Goldfäden? Klar! Selbstgebasteltes? Oh ja! Bunt funkelnde Weihnachtslichtgirlanden? Bitte unbedingt! Kekse? Omas Lieblingskugel? Zuckerkringel aus der Drogerie? Gar keine Frage! Alles wird himmelhoch jauchzend kombiniert, dekoriert, vermischt und verknotet. Am Ende sieht der Baum meistens aus, als hätte ihn ein Kindergartenkind geschmückt. Praktisch, wenn man dann ein Exemplar U6 im Haus hat. Sollte keins zur Hand und der etwas wirre Effekt unangenehm sein, mag in Einzelfällen die Variante Punschrausch doch für ein wenig stimmungsvolle Lockerung sorgen. In den britischen und amerikanischen Breitengraden fühlen sich die Kunterbunten übrigens am wohlsten.

Die Traditionalist:innen

»Never change a winning tree«, finden die Traditionalist:innen. Sie feiern deshalb so, wie schon ihre Urururahn:innen gefeiert haben – mit Kerzenglanz und maximal aufrechter Fichte, mit hauchzart glitzernden Bollen aus Familienbesitz am Baum und ordentlich Liederglut aus Kinderkehle. Die Menüfolge: kreiert für die Ewigkeit. Die Kerzen: echt. Was anderes als Lagerfeuer kommt den Traditionalist:innen nicht in die Hütte. Und der Baum selbst? Wird im alljährigen Prozedere runtergehandelt und steht auch erst am Tag vor Heiligabend! Klar? Klar! Ohne Traditionen sind die Traditionalist:innen lost in X-Mas-Space. Deshalb machen sie es einfach immer gleich – und das voller Wonne. Sie tätscheln die Gleichmacherei wie der Weihnachtsmann seine Rentiere. Und ersparen sich durch ihre mangelnde Experimentierfreude schlicht einen Haufen Ärger. Weil alle, die am Fest teilnehmen, wissen, woran sie sind. Schlau, schlau!

Die Rebell:innen

Die Rebell:innen feiern nicht. Weihnachten ist doof. Traditionen sind Mist. Netflix heißt der Heilsbringer. Aber geschenkt und gewünscht wird natürlich trotzdem. Und wenn jemand die Aufforderung, nichts zu schenken, wörtlich nimmt, ist der auch doof. Punkt.

Die Pragmatiker:innen

Die Pragmatiker:innen kaufen ihr Bäumchen kurz vor knapp im Baumarkt. Ihr Credo? Möglichst wenig Pipapo. Ihren Nadelschmuck kramen sie meist aus irgendeiner von Oma geerbten Kiste aus dem Keller. Zu futtern gibt's Bodenständigkeit. Kartoffelsalat. Kasseler. In Ausnahmesituationen auch mal Raclette. Ihre Geschenke klauben die Pragmatiker:innen mit Lust auf den letzten Ladenschluss-Metern. Hektisch verpacken sie noch, bevor das Glöckchen bimmelt. Und dann finden sie die ganze herzige Heimeligkeit eigentlich doch ganz besinnlich. Und behalten das Baumarkt-Bäumchen mit den elektrischen Kerzen dran heimlich noch einen Tag länger als geplant. Insgeheim bewundern die Pragmatiker:innen die Romantiker:innen. Und hach, allzu oft werden sie auch selbst zu solchen. Spätestens sobald das erste eigene Kindelein auf Stroh gebettet unter der Tanne kräht. Wetten?

Die Hölzernen

Die Hölzernen tragen an ihrer Verantwortung für die Umwelt mindestens so schwer wie der Weißbärtige an seinem mit Geschenken gefüllten Jutesack. Deshalb verzichten sie neuerdings auf Grün und investieren lieber ein paar knackige Taler in die Ewigkeit. Unter Hipstern macht sich die Holztanne breit, ein bisschen schmucklos zwar, üppig schon gar nicht – aber inbrünstig gefeiert als grünste aller grünen Weihnachtserfindungen. Aber mal ehrlich: einfach bei Pettersson und Findus klauen und dann so tun, als ob ihr die Schlaumeier wärt? Tsss! Der Alte hat doch schon Holzscheite an seinen Besenstiel geschraubt, Küchenutensilien und Möhren als Schmuck drangehängt und Geschenke aus seinem Repertoire upgecycelt, da seid ihr noch mit der Trommel um die Tanne gefetzt! Fairerweise sei zu sagen, dass der nachhaltige Ansatz des nadelfreien, wiederverwendbaren Baumes sehr löblich ist. Aber schön? Das muss wohl jedes Weihnachtsgemüt mit sich selbst ausmachen.

Die Romantiker:innen

Für die Romantiker:innen beginnt Weihnachten nach den Sommerferien. Kaum dass die Tage einen Ticken kürzer werden, fangen ihre Gedanken an, Festfunken zu zünden. Bis Ende November haben sie alle eigenhändig verpackten, schmuckverzierten, selbst gebastelten Geschenke beisammen. So bleibt mehr Zeit für den Advent, in den sich die Romantiker:innen alle Jahre wieder jauchzend vor Glanz und Gemütlichkeit stürzen. Sie leben für dieses klebrige, lebkuchensüße Jahresendgefühl. Also backen und basteln, falten und fädeln, rühren und glasieren sie, bis der Baum in seinem Töpfchen wackelt und kein Eckchen mehr nicht vor Heimeligkeit dampft. Kaufen ist pfui, DIY ist hui, finden die Romantiker:innen – und übertreiben den Budenzauber deshalb voller Hingabe. Sie selbst stresst das am meisten, aber sie können einfach nicht anders. Meistens liegen die Romantiker:innen vor lauter Romantik an Heiligabend völlig erschöpft auf dem Schafsfell unter der mit Orangenscheiben und handgestrickten Pompons behängten Tanne (die bereits seit Wochen die Wohnstube schmückt, deshalb auch der Topf, sonst würde das Ding ja nadeln wie der Teufel). Dafür feiern dann die anderen die heimische Pracht. Geben, wie viel seliger ist's doch als Nehmen. Merry Bullerbü-X-Mas!

Welcher Typ
ist Sarah wohl?!

Pavlova mit Zimt und Brombeeren

Zutaten:

Baiser
5 Eiweiß (Raumtemperatur, sauber getrennt vom Eigelb)
300 g weißer Zucker
20 g Speisestärke
1 TL Zitronensaft

Belag
250 ml Schlagsahne
1 TL Zimt
1 Schale Brombeeren
1 Kaki
1 Bio-Orange
brauner Zucker
½ Teelöffel Kardamom

Vorhang auf für unseren weit gereisten, weltbesten Weihnachtsnachtisch:

Unser Rezept macht acht Zuckerwichtel glücklich.

So geht's: Den Ofen auf 130 °C (Umluft) vorheizen. Bevor ihr anfeuert, auf das Backpapier mit einem Bleistift einen etwa 20 cm großen Kreis malen.

Das Eiweiß steif schlagen. Nach und nach den Zucker hinzufügen und im Rührgerät-Turbogang mehrere Minuten wirbeln lassen. Speisestärke und Zitronensaft hinzufügen. So lange mixen, bis alles gut vermengt ist.

Die Baisermasse auf das kreisrund bemalte Backpapier-Backblech geben und am Rand des Runds auftürmen, sodass eine Art Schüssel entsteht.

Den Ofen auf 100 °C Umluft herunterdrehen und das Baiser-Ungetüm 90 Minuten lang backen. Immer wieder durchs Fenster kontrollieren, ob die Pavlova nicht zu braun wird. Die Ofentür dabei geschlossen lassen. Danach den Ofen abschalten und das Baiser-Gefäß mindestens eine Stunde lang im Ofen abkühlen lassen.

Für den Belag die Sahne aufschlagen, einige Brombeeren hineindrücken und den Zimt unterheben. Die Kaki in kleine Schnitze schneiden. Kurz vorm Servieren die Sahne in den abgekühlten Pavlova-Topf geben. Mit den restlichen Brombeeren und Kaki-Schnitzen belegen.

Besonderen Glanz verleihen diesem Nachtisch kandierte Orangenschalen. Dafür die Schale der Bio-Orange mit einem Sparschäler in Streifen abschälen. Anschließend den Saft auspressen und zusammen mit dem braunen Zucker, dem Kardamom und 2 EL Wasser in einen Topf geben. Bei mittlerer Temperatur 20 Minuten köcheln lassen. Die Schale muss am Ende leicht glasig sein, dann ist sie fertig. Die Zugabe zugeben und sich am Festtagsapplaus erfreuen!

Diese Süßspeise ist luftig, lieblich und lecker. Australien und Neuseeland streiten allerdings darüber, wer ihren Festtagsruhm für sich beanspruchen darf. Im Land der Kängurus und Koalas behauptet man, die tolle Torte sei erstmals 1935 in Perth vom deutschstämmigen Herbert Sachse, Küchenchef des Hotels Esplanade, gezaubert worden. Ihn habe dabei das Tutu der russischen Balletttänzerin Anna Pavlova inspiriert. Die benachbarten Insulaner:innen wiederum sind sich sicher, dass die »Pavlova Cakes« schon seit 1927 durch einheimische Kochbücher schweben – wenngleich anfangs noch gedacht als einzelne, trippelnde Feiertörtchen. Uns ist völlig wurscht, woher dieses fluffige Baiserensemble stammt. Lieber genießen wir Jahr für Jahr wieder seinen famosen Auftritt.

Nelkenorange

Zutaten:

Nelken
Orangen
Pikser/Holzspieß

Manchmal müssen wir selbst schmunzeln, aus wie wenig Zeug man Tolles zaubern kann. Tadaaa, hier kommt eine weitere Idee für babyleichten Ruck-zuck-Hüttenglanz!

So geht's: In die frische Orange Muster piksen. Mit Nelken spicken. Auf die Plätze, fertig, schmücken!

Ulrike Lea Moormann

Schief und schön

Normalerweise gilt das Augenmerk beim Tannenkauf dem aufrechtesten Stand am Stand. Doch Lea ist bei der Baumschau zufällig Viktor Krum begegnet. Nun hält sie alle Jahre wieder nach dem windschiefsten Weihnachtsgrün Ausschau.

Der famose schiefe Baum – wie kam's dazu? Du hast ja ein regelrechtes It-Piece kreiert!

Wir sind zu Bekannten und in deren Wald gefahren, um unseren Weihnachtsbaum auszusuchen und zu schlagen. Auf dem Weg zu den eigentlichen Fichten ist mein Sohn Mika auf einmal schnurstracks auf einen Baum zugerannt und rief: »Da steht ja Viktor Krum!« Wir haben uns vom Fleck weg in den sehr schiefen Baum verliebt. Nach einigem Grübeln, wo und wie man ihn am besten absägen sollte, habe ich losgelegt. Glücklich sind wir dann mit ihm nach Hause gefahren. Nun kann ich mir gar nicht mehr vorstellen, jemals wieder einen kerzengeraden Baum aufzustellen!

Eine neue Tradition also. Welche liebsten Bräuche hast du noch?

Wir gehen an Weihnachten immer auf den Friedhof, um einen Teil meiner Familie zu »besuchen« und um dort an sie zu denken. Dabei lassen wir Nüsse für die zahlreichen Eichhörnchen da. Außerdem backen wir im Dezember viele, viele, viele Kekse!

Welches himmlische Gebäck macht dich besonders froh?

Eindeutig Vanillekipferl. Nach dem Rezept der Uroma meines Mannes. Die zergehen auf der Zunge!

Dein ultimativer Weihnachtsdekotipp – neben der Installation von Fichten in Schräglage?

Ich lege Wert darauf, dass die Teile zeitlos sind. Also bin ich eine Weile lang regelmäßig losgezogen und habe alten Schmuck aus den 20er- bis 60er-Jahren zusammengesammelt. Dazu kommt immer mal wieder »neues« Traditionshandwerk aus dem Erzgebirge oder geerbte Sachen. Ganz selten erwerbe ich noch andere Teile dazu. Im letzten Jahr gab es allerdings eine Ausnahme. Da habe ich Baumschmuck aus Papier bei Arket gekauft.

Zum Pilz noch mal!
@donnerstagsonntag
www.ulrikeleamoormann.com

Lea hat mehr kunterbunte Talente als der Regenbogen Farben. Doch am tollsten finden wir ihre selbst geschnitzten Holzschwammerl. Die machen nämlich nicht nur jedem in der Herstellung Spaß, sondern eignen sich auch super als Weihnachtsgabe für Große und Kleine!

An Karneval marschiert sie gerne mal als Pilz los. Für den hatte sie schon immer eine heimliche Vorliebe. Die Farbe, die Form, der Geruch – sie kommt an dem Ding einfach nicht vorbei. Deshalb liebt sie es auch ganz besonders, die rot gepunktete Kappe samt Stiel nachzuschnitzen. Ihren beiden Jungs etwa hat sie zur Geburt je einen DIY-Pilz in die Wiege gelegt. Bestes Beißspielzeug. Und neulich, da ist sie wieder durchs Gehölz gestapft und hat auf dem Weg heimwärts schönste Haselnusszweige entdeckt. Eine nächtliche Schnitzsession später hatten sich die Äste bereits in wunderschön gehobelte Pilze verwandelt – sodass Lea direkt noch einmal ihre Axt geschultert hat, um hölzernen Nachschub zu beschaffen. Es sei ihr unmöglich, mit dem Schnitzen aufzuhören, wenn sie einmal angefangen habe, sagt Lea. Deshalb verzaubert sie ihr Material auch stets bis auf den letzten Span. Ihre Pilze, sagt sie, eigneten sich ganz besonders als Schnitzprojekt für große und kleine Einsteiger. Das weiche Holz der Haselnuss sei dabei für Schnitz-Newbies besonders empfehlenswert. Weitere gute Zweiglein: junges Geäst vom Apfel- oder Kirschbaum, von der Buche, der Linde, der Erle oder der Birke. Es lohnt sich, sich für die Holzbearbeitung mindestens ein richtig gutes Schnitzmesser sowie ein Hohleisen zuzulegen. Für Kinder gibt es weniger scharf gefeilte Varianten und Handschuhe. Außerdem braucht's eine gute Schnitzaxt. Lea rät nämlich dringend davon ab, altes, hartes Holz zu nutzen, das am Waldeswegrand zum Sammeln einlädt. Die Wahrscheinlichkeit, sich beim Bearbeiten fies zu schneiden, ist dann nämlich ziemlich groß. Den fertigen Pilz kann man nach Belieben bemalen – oder einfach pur lassen! Finden wir besonders schön!

United Plätzchen of Weihnachten

Zutaten
(2 Bleche Kekse):

300 g Dinkelmehl
(Type 630)
200 g weiche Margarine
100 g Zucker

Kunterbunter als mit diesem kinderleichten Keksrezept geht's einfach nicht. Deshalb schieben wir auch alle Jahre wieder Fuhre um Fuhre in den Ofen und futtern, was das Zeug hält. Bis zur nächsten knusprigen Einlage. Das Beste am Weihnachtsbäckereispaß: Dieser Plätzchenschmaus kommt mit nur drei Zutaten aus!

So geht's: Sämtliche Zutaten (nein, ihr habt euch nicht verlesen, mehr braucht's wirklich nicht) miteinander vermengen, kneten, zu einem Ball formen und für eine Stunde in den Kühlschrank stellen. Im Anschluss den Ofen auf 200 °C (Umluft) vorheizen, den Teig etwa 1 cm dick ausrollen und nach Herzenslust mit Förmchen bearbeiten, sprich: einmal alle(s) ausstechen bitte. Für 10 Minuten ausbacken. Serena nimmt sie immer einen Tick früher raus, Sarah liebt es, wenn der Rand leicht verbrennt und lässt das Blech gerne einen Hauch länger drin. Tine mag beide Varianten. Was in jedem Fall schmeckt? Lila-Zitronenzuckerguss drauf, kombiniert mit knalligen 90's-Streuseln. Wer es erwachsener mag, kann auch mit Pistazien garnieren und den Guss klassisch weiß lassen.

LOVE

Das große Lesen

Island feiert an Weihnachten das Buch

In vielen Dingen sind uns die Isländer:innen einen ganzen Schritt voraus. Sie lassen sich von winterlicher Düsternis nicht in den Gemütstunnel schicken, sondern futtern lieber Zimtschnecken im Kerzenschein und Schafsfellgewand. Anstatt im klirrenden Eis zu bibbern, hüpfen sie in heißen Vulkansprudel. Und dem Christkind, Weihnachtsmann, Wichtel oder sonstigem Schenkenden im Amt machen sie die Arbeit in himmlischer Nacht babyeinfach, indem sie inselweit das gleiche Gut verschenken: Bücher. Dazu gibt's Schokolade. Wohliger geht's kaum!

»Jólabókaflóð«, zu Deutsch »Weihnachts-Bücherflut«, heißt unsere allerliebste Weihnachtstradition.

Man muss sich das am Weihnachtsabend wohl so vorstellen: Über ganz Island liegt eine dicke Schneedecke. Es glitzert draußen und funkelt drinnen. Der Wind fegt eisig über die Märchenlandschaft. An den schmauchenden Schornsteinen der geduckten, bunten Häuser und weiß getupften Vulkangipfeln klebt die Dunkelheit wie Lakritze. In den Wohnstuben schmausen und schenken, lieben und lachen Familien, Freund:innen, Freudige. Doch sobald die Töpfe leer, die Bäuche voll und alle Geschenke ausgepackt sind, beginnt das große Lesen. Dann zieht man sich am frühen Abend in geselliger Runde zurück, macht die Schnute zu, das Buch auf – und schmökert. Stundenlang. Oft die ganze Nacht hindurch.

Laut isländischem Verlegerverband verschenken 70 Prozent der Einheimischen zu Weihnachten mindestens ein Buch. Printprodukte sind Kult auf der Insel aus Dunkelgestein. Ihren Ursprung nahm die Entwicklung in den Wirren des Zweiten Weltkrieges, als das von den Alliierten besetzte Vulkanfleckchen im hohen Norden unter ziemlicher Importnot knirschte. Doch statt zu jammern, nahmen die Insulaner:innen wie üblich ihr Geschick und Glück in die Hand und bauten flugs die heimische Buchproduktion aus. In den 50er-Jahren werkelte bereits ein Zehntel aller isländischen Großstadtlichter in der Buchproduktion. Geschenke, Freizeitideen, Zeitvertreib? Man greift hier bis heute gerne zum Buch. Und um dem Ganzen noch die raschelnde Papierkrone aufzusetzen, verteilt die Inselregierung alle Jahre wieder einen Bücherkatalog, den »Bókatíðindi«, mit sämtlichen heimischen Neuerscheinungen an alle Haushalte des Landes. Kurz vor Weihnachten, eh klar, damit die Wunschzettel vor Bücherliebe nur so knistern. Tun unsere übrigens auch! Und eure?

Gesundbleib-Trunk

Zutaten:

1 EL Honig
2 TL gemahlener Kurkuma (oder 1 daumengroßes frisches Stück, in Streifen geschnitten)
1 daumengroßes Stück Ingwer
4 EL Orangensaft
Saft einer Zitrone
1 TL Zimt

Wer es nicht geschafft hat, wie Obelix als Kind in den Zaubertrank zu purzeln, sollte es mal mit dieser Variante von kraftstarkem Trinkgenuss versuchen. Ob die Energie anschließend zum Römervermöbeln reicht, ist uns nicht bekannt. Gesund und munter unters Bäumchen katapultiert euch dieser wonnige Saft aber allemal.

Bringt Bärenkraft, gute Laune und reicht für eine kleine Kanne.

So geht's: Alle Zutaten mit heißem, aber nicht kochendem Wasser übergießen und ein paar Minuten ziehen lassen. Das Wintergebräu warm trinken.

Größter Traum, kleinster Baum

Das unvergesslichste Geschenk von Josie und Emil? Ein gigantischer, babyblauer Vintage-Van aus den 60ern. In dem sind die Köpfe hinter dem dänischen Label »LEO LEO Copenhagen« samt ihrer beiden Kinder einfach losgerollt – ohne festen Besitz und Plan und mitten hinein ins portugiesische Weihnachtsabenteuer.

Lange war das Leben der Ekstrands fest abgesteckt: Ein kleines Apartment im Zentrum von Kopenhagen. Zwei Eltern (Josie & Emil). Zwei Kinder (Leopold, 5 & Hilma, 3). Ein wachsendes Business. Freund:innen, Familie, Trott, Alltagsfrohsinn. Dabei die ganze Zeit dieses unbestimmte Gefühl: Da fehlt was. Und der eine, große Traum: weg ohne Weg. Freiheit statt Vernunft. Auf die Plätze, fertig, los. An dieser Lebenskapitelstelle blättern die meisten einfach nicht weiter. Was nicht schlimm ist und noch viele Feste in konstanter Umgebung vorsieht, Struktur, Ruhe, Gewohnheit, Tradition. Doch Josie und Emil wagten den Bruch. Sie verkauften ihr Hab, das Geschäft und alles Gut. Davon beschenkten sie sich mit einem neuen, rollenden Zuhause. Volle Pulle Leben auf zwölf Quadratmetern. Voller Unwägbarkeiten und platter Reifen. Dazu Abenteuerdampf. Angstschlottern. Aufbruchskribbeln.

Monatelang bastelten die beiden Kreativköpfe also an ihrem neuen Familienmodell. Sie hämmerten ein minikleines Puppenhaus an die Camperwand, bauten große und kleine Betten und pflanzten Stauraum in jede Lücke des Vehikels. Weihnachten hängten sie zum ersten Mal ein Zweiglein Tannengrün an die himmelfarbene Kühlerschnauze, noch gesprenkelt mit nordischem Schneezauber. Sie wollten los. Doch nichts klappte wie geplant. Und es folgte die wichtigste Lektion dieser Unternehmung: einfach mal locker lassen. Irgendwann war der Transportführerschein nämlich im Beutel, der Ausbau fertig, das alte Leben aufgelöst. Ziel: keine Ahnung. Wo Weihnachten feiern? Keine Ahnung. Wie leben? Keine Ahnung. Herrlich!

Es folgten sechs unvergleichliche Monate samt Auf und Ab, Glück, Verzweiflung, Lebenseinsichten. Die erste: Es braucht nicht viel, um froh und munter zu sein. Die zweite: Unterwegssein ist wahnsinnig anstrengend und wahnsinnig toll. Nummer drei: Heilige Abende verlangen nach Brauchtum – selbst

in einem Bus. Da die kleine Familie inzwischen in Portugal angekommen war, statt rodeln schwimmen im Meer und statt Weihnachtsbraten nun Bauchbräunen auf dem Tagesplan standen, mussten die alten Traditionen dem neuen Leben eben angepasst werden.

Das Pfefferkuchenhaus etwa hielt aufgrund der Luftfeuchte nicht wie gewohnt. Also pappte Josie kurzerhand die Seitenwände mit Ikea-Kleister zusammen. Da in der kleinsten Hütte eben kein Platz ist, suchte die Familie den kleinsten Baum, den sie finden konnte. Die Kinder steckten bunte Kitschlichter auf. Papa Emil pflanzte das Grün in die letzte Transporterecke, damit niemand drüber stolperte. Mama Josie tanzte am Strand. Geschenke gab es kaum mangels Moneten. Doch die vier Ekstrands einte zu diesem besonderen Mini-Unterwegsfest eh die riesengroße Erkenntnis: Das größte Geschenk ist der Mut, das Leben ganz, ganz klein zu machen. Und loszuzischen ins Unbekannte. Als die Familie eine Pause vom Vagabunden-Leben brauchte, mietete sie kurzerhand ein winziges Häuschen am Meer im portugiesischen Alentejo. Der Bus steht dort noch immer. Josie, Emil, Leo und Hilma sind inzwischen allerdings widrigkeitsbedingt wieder in Dänemark gelandet. In einem Mini-Apartment. Erst einmal. Denn wo das Wanderlust-Quartett sein nächstes Weihnachtsfest feiern wird, ist noch nicht klar. Am liebsten natürlich im babyblauen Bus!

Das größte Geschenk ist der Mut,
das Leben ganz, ganz klein zu machen.
Und loszuzischen ins Unbekannte.

@leoleocopenhagen
www.leoleocopenhagen

Bienenwachskerzen

Schon die Materialien für Bienenwachskerzen duften wie doof. Aber angesteckt dampfen die Lichter noch heimeliger.

Also: ausgerollt,
eingedreht und losgenossen.

Ihr braucht:

- Bienenwachsplatten
- Kerzendocht
- Messer oder Schere

Aus der Bienenwachsplatte ein gewünscht großes Stück ausschneiden.

Den Docht in die Mitte legen und einrollen. Evtl. müsst ihr den Docht noch kürzen. Wer verrückte Kerzenformen bevorzugt, schneidet einfach kein regelmäßiges Viereck aus der Bienenwachsplatte sondern variiert die Zusammenrollform.

Alle Jahre wieder freuen wir uns wie wild aufs Fest. Doch alle Jahre wieder ist jeder auch von Herzen froh, wenn das Großereignis um ist. Warum wir trotzdem nicht weise werden (wollen).

Wunderbarer Weihnachtswahnsinn

Denn im himmlischsten weil hautnahen Familienkreis verwandeln wir uns alle in Peter Pan, kaum dass wir über die Schwelle nach Nimmerland stolpern. Für drei Feiertage sind wir wieder daumengroß und doof und krawallig. Für ein paar Stunden leben wir in hemmungsloser Herrlichkeit unsere alten Rivalitäten aus und suhlen uns juchzend wie Minis im Miteinandermatsch.

Wer bei wem wie und wann feiert, ist die trickreichste Angelegenheit des Jahres. Oft wird die geplante Zusammensetzung schon Monate im Voraus diskutiert. Nicht jede Konstellation ist sinnvoll – und muss dennoch. Zig Familien(-mitglieder) wollen bedacht, vereint oder diplomatisch ignoriert werden. Die einen beanspruchen den Heiligabend traditionell für sich. Andere feiern das Feiertagsfrühstück – und wenn's dumm läuft, direkt im Anschluss eine Generation weiter das Mittagsmahl. Das dolle Dinner mit allen und allem, was Kochbuch und Kühlschrank hergeben, ist eh Standard. Turmhoch sind die Erwartungen. Riesengroß schimmert die Vorfreude auf die Völlerei. Standhaft behauptet sich bis kurz vor knapp der Vorsatz: Dieses Jahr wird alles anders. Weniger Stress, weniger Zank, weniger Befindlichkeiten – und wenn das Bad nicht gescheuert ist, sei's drum, stört ohnehin keinen der gerufenen Geister. Oder?

Doch dann walzt die Festlawine plötzlich schneller, als uns lieb ist, auf uns zu. Und alle guten Absichten schmelzen dahin wie Butter auf heißem Toastbrot. Denn sobald die erste Einkaufsliste geschrieben und die Hälfte vergessen wird, kaum dass die Staubflocken anfangen, wild und wollig in den Ecken zu tanzen, und das Kleingemüse vor lauter Aufregung auch, allerspätestens aber, wenn es um die konkrete Definition von Versammlungsuhrzeiten geht, rasten wir aus. Dahin entschwindet sie dann, die Vorstellung von segensreicher Feierzeit im engsten Kreis. Stattdessen heißt es: hereinspaziert in den Zirkus, ihr Lieben und Lauten. Hereinspaziert in diese bunte Welt voller Wahnsinn und Weihnacht, voller Tränen und Tamtam, in der gezetert und gezaubert wird, in der sich meistens jemand angegriffen und immer einer falsch beschenkt fühlt.

Denn mal ehrlich: Wo sonst können wir uns so vertraut anblöken (und direkt anschließend wieder versöhnen) wie in unserem »Circle of Trust«? Wir lieben sie doch schließlich. Alle. Irgendwie. Und sie uns auch. Irgendwie. Und so sitzen wir also alle Jahre wieder gemeinsam um die glänzende Tafel und hauen uns Gutes, Gemeinheiten und Knödel um die Ohren. Wir essen zu viel und vergeben zu wenig. Wir singen und saufen und sabbeln und seufzen und rollen erst viele, viele Gesellschaftsspiele später ins Bett. Und sehen die ganze Bande morgen schon wieder. Uff. Aber dann manchmal ein ganzes Jahr lang fast gar nicht. Och nö. Lange, lange haben wir uns nicht mehr so erschöpft und kindisch und bekloppt gefühlt. Deshalb machen wir's nächstes Jahr genau so auf keinen Fall. Also genau so, wieder. Und sollte es wider Erwarten doch mal durch und durch harmonisch zugehen, fällt uns schon noch ein, wie wir Würze in die Suppe bekommen. Denn ein Weihnachtsfest ohne Weihnachtszirkus mag ja vieles sein – aber vor allem wär's eine farb- und formlose Veranstaltung. Und die braucht ja nun wirklich keiner!

babaà

Weihnachts-Pie

Zutaten:

Teig
300 g kalte Butter
1 ordentliche Prise Salz
4 EL kaltes Wasser
300 g Weizenmehl
3 EL geriebener Parmesan
1 Ei

Füllung
Olivenöl
1 Stange Lauch, in feine Streifen geschnitten
½ Kürbis, in Würfel geschnitten
2 Knoblauchzehen, gehackt
1 Handvoll getrocknete Tomaten, in kleine Stücke geschnitten
1 Bund Mangold, in kleine Stücke geschnitten
Rotwein
2 EL Orangensaft
1 Bund Petersilie, fein gehackt
1 kleine Handvoll geröstete Walnüsse
1 Prise Chiliflocken
1 Eigelb

Weihnachten lebt von der Überraschung. Deshalb verraten wir euch zwar, wie wir unseren Pie am liebsten füllen. Doch die Tischgesellschaft darf sich über eine volle Fuhre »Boahhh, keine Ahnung, was da drin ist!« freuen. Entdeckerglück inklusive. Frohes Pie-Wichteln!

Unser Rezept ergibt acht großzügige Pie-Stücke.

So geht's: Für die Quiche-Verpackung auf einer Arbeitsfläche alle Teigzutaten zu einem glatten Knödel verkneten. In eine Folie einwickeln und für 30 Minuten in den Kühlschrank legen.

Den Ofen auf 180 °C Umluft vorheizen.

Das Olivenöl in einer großen Pfanne bei mittlerer Temperatur erhitzen und den Lauch hinzugeben. Die Gemüsestängel 10 Minuten anbraten, bis sie weich sind.

Währenddessen in einer zweiten Pfanne den Kürbis mit etwas Olivenöl anrösten. Er sollte bissfest sein.

Zu dem Lauch wandern nun Knoblauch, Chiliflocken, getrocknete Tomaten, Walnüsse und Mangold. Einige Minuten garen lassen. Den Kürbis dazugeben. Mit einem festtäglichen Schuss Rotwein und dem jugendfreien Orangensaft ablöschen. Die Petersilie über die Mischung geben und die Pfanne von der Herdplatte nehmen.

Nun den Teig ausrollen und zwei Kreise in der Größe der vorher gefetteten Tarteform ausschneiden. Die eine Hälfte des Teigs in den gebutterten Ring geben und am Rand schön festdrücken. Die Füllung großzügig in die Mitte matschen. Die zweite Hälfte des Teigs über die Füllung geben und ebenfalls an den Rändern festdrücken. Mit einer Gabel einige Löcher in den Teigdeckel stechen.

Den so schmuck verpackten Pie mit einem Eigelb bestreichen und für 40 Minuten im Ofen backen. Reste der Füllung lassen sich wunderbar einfrieren.

Wer's besonders festlich mag, behält sich ein wenig Teig zurück, um damit weihnachtliche Deko für den Teigdeckel zu formen. Noch einfacher gelingt das optische Upgrade mit Ausstechförmchen.

Molly
Greta

Warum hängen die Menschen im angelsächsischen Raum eigentlich am 25. Dezember ihre Socken an den Kamin? Ein Ausflug ins bestrumpfte Märchenhafte!

Von der Räuchersocke

Es war einmal ein Vater. Der hatte nicht nur Zaster, sondern auch drei zauberhafte Töchter. Eine hübscher, schlauer, geistreicher als die andere. Doch dem armen Burschen und seinem holden Nachwuchs war das Glück nicht zugetan. Die dazugehörige Mutter verstarb – und der Vater musste sich fortan alleine um die Brut kümmern. Und er versorgte das Heim und den Herd und die Kinder. Und er konnte nur noch in Teilzeit und irgendwann gar nicht mehr arbeiten (obwohl die Ladies da schon größer gewesen sein müssen, aber dieser Teil der Geschichte tut offenbar nichts zur Sache).

Jedenfalls kam der Tag, wie in jedem gescheiten Märchen, an dem die drei Schwestern vermählt werden sollten. Doch ach, kein Geld, kein Mann, echt doof.

Der Vater grämte sich sehr. Und die Grazien hängten in ihrer jungfräulichen Not ihre Socken zum Trocknen übers Kaminfeuer. Was man halt so macht, wenn's nicht läuft!

Welch Glück und Segen, dass zufällig der heilige Nikolaus vorbeigeflattert kam. Er linste in den Schornstein, sah die verrußten Strümpfe, hatte Mitleid mit der traurigen Hochzeitstraumbande – und kippte kurzerhand Gold in den Schacht. Prompt war die Heirat des Trios im Sack, der Vater wieder froh – und der Räuchersockenbrauch geboren. Denn fortan hängte der Hausherr seinen Socken an jedem 25. Dezembermorgen an den Kamin (wer wollte es ihm verübeln, futterte ihm doch nun niemand mehr den Speck aus der Suppe und vielleicht war inzwischen sogar wieder die Vollzeitstelle drin) und das Goldglück sprach sich herum. Und aus St. Nikolaus wurde der Weihnachtsmann.

Und heute geht's eigentlich nur noch darum, noch mehr Geschenke ans Kind zu kriegen, als ohnehin schon vorgesehen. Aber die Socken sehen wirklich schön aus. Und sind personalisiert und festlich und inzwischen gerne selbst gefertigt. Insofern mögen wir die »Christmas Stockings« sehr. Und hoffen, dass die drei Schwestern dereinst glücklich und selig in den Hafen der Ehe geschippert sind. Und dass das viele Gold nicht nur für den Kerl, sondern auch für ein zweites Paar Strümpfe gereicht hat.

REDBIRD
250
Strike anywhere matches

Schmucke Speise

Weihnachten lebt vom schönen Schein. Vor allem auf dem Tisch. Wochenlang wird da geplant und getüftelt, wo das frische Rotkraut beschafft, ob der Kloßteig selbst gemengt, wie der Nachtischbratapfel befüllt werden soll. Nicht minder glanzvoll aber ist die Form der Darbietung, die Kulisse fürs Schmausen sozusagen, die bei keinem Schauspiel fehlen darf. Insofern vertiefen wir uns Jahr für Jahr fast lieber noch als in die Menü-Gestaltung in die Überlegung, wie man die Speisen möglichst schmuck präsentieren kann. Und sind jedes Mal wieder baff, mit welch simplem Zubehör man die leuchtendsten Effekte erzielen kann.

Denn für die optische Festlichkeit braucht es gar nicht viel Extra-Klimbim. Allerlei Haushaltsgegenstände lassen sich tipptopp in Tischdeko umwandeln, alte Bettlaken flattern wunderbar als Tafeldecken oder glänzen zerpflückt und zerschnitten als Servietten. Obst, Gemüse und Kräuter machen den Tisch schöner noch als jeder teure Deko-Krug. Und Kerzen müssen einfach in größtmöglicher Stückzahl vorhanden sein, ganz gleich, in welchem Behältnis sie fackeln. Der Kreativität stehen in dieser Zeit des Jahres jedenfalls sämtliche Pforten weit offen. Sinnvoll ist es, sich im Vorfeld auf ein ungefähres Farbspiel festzulegen. Und auch ein Mix aus groß und klein macht sich immer gut. Hier kommen unsere allerliebsten Zweckentfremdungs- und Tischtanz-Ideen:

Schlürf und Krug

Wir finden es praktisch, wenn die Gelagefolge nicht vorsieht, dass man der Gästeschar ständig Flüssigkeit nachschenkt. Schließlich sollen ja auch mal die Gastgebenden die Füße stillhalten dürfen. Hinzu kommt: Verschiedene Karaffen, Krüge, Keramikausgießer vom Flohmarkt oder Dachboden oder schlicht vom Schweden sehen einfach in ihrer Vielfalt zauberhaft aus. Vor allem, wenn drinnen Selbstgebrautes schwappt. Wir stellen immer ausreichend Gluckervorrat in Form von aromatisiertem Wasser (einfach Brombeeren oder Zitronenscheiben oder Minze oder anderes Kraut hineingeben) an den Tisch. Besonders hübsch und praktisch ist dafür ein Servierwagen. Dazu Gläser-Kunterbunt (ebenfalls lieblich, wenn bei Großmutter oder im Charity-Shop oder auf Reisen zusammengesammelt, wir mögen aber auch die erschwinglichen Klassiker von Duralex sehr) und fertig ist die festliche Flüssigverköstigungsstation.

Handtuch bis Decke

Die Tischdecke samt Serviettenassistenz sind so etwas wie die i-Tüpfelchen-Handtasche fürs optisch-kulinarische Fest-Outfit. Nun ist an dieser Stelle mancher Suppenkasper gut bestückt und hat schönes Tuch in ausreichender Pracht und Stückzahl. Besonders ungebügelt sieht`s glitzernd und gemütlich aus, finden wir – und verhindert zudem, dass man kurz vor Anstoß in Panik verfällt, weil alle Stoffe noch knittern und krausen. Ist explizit erwünscht! Genauso gut wie deklariertes Tischtuch eignen sich aber auch altes Bettzeug oder ungezähmte Stoffbahnen als Unterlage. Leinenservietten sehen immer apart aus. Gut machen sich auch Küchenhandtücher oder aus Stoffresten geschnittene Servietten. Wenn es franst, wirkt`s oft besonders fein und froh. Die Servietten mittig mit Lieblingsschnur, Paketband oder Stroh umwickeln, einen Zweig Rosmarin, Eukalyptus, Tanne oder Thymian (oder alles zusammen) reinstecken, fertig ist die prächtige Tafel. Wir empfehlen: Bänder jahrein, jahraus sammeln, dann hat man auch für Spontan-Dinner immer einen besonderen Vorrat zur Hand.

Kraut samt Rüben

Von Januar bis Dezember verwenden wir als Tischschmuck am liebsten jahreszeitlich Gewachsenes. Das können Blumen sein, ganz klar. In der Trockenvariante besonders schön und vor allem wiederverwendbar. Aber auch in Vasen drapierter Grünkohl sieht toll aus. Rotkohl ebenfalls. Und habt ihr schon mal Rosenkohl in Szene gesetzt? Zum Weihnachtsfest bietet es sich außerdem an, Apfel-, Nuss- und Mandelkern-Gedöns auf dem Tisch zu verteilen. Oder kunterbunte Karotten, Orangen oder Zapfen.

Pracht und Platz fürs Menü

Beim Thema Platz- und Menükarten gehen die Meinungen von charmant bis schaurig auseinander. Dabei gibt es die Wegweiser in so schön, dass man eigentlich jede Tafel damit bestücken sollte.

Einfach das Junggemüse Pappkärtchen verzieren lassen. Oder an Rettichknollen ein Fähnchen pinnen. Oder Blumen pressen und mit einer Klammer an einem Stück beschriftetem Karton befestigen. Oder auf Holztäfelchen vom Baumarkt pinseln.

Nach Licht und Laune

Das A und O ist die Illumination. Deshalb können für jede Festtafelei gar nicht genug Kerzen entzündet werden. Wir mengen am liebsten bunt durcheinander: Wachskerzen und einfache weiße Haushaltskerzen oder Teelichter und Stumpen in jeder Form und Farbe (besonders edel: in dunklen Grautönen). Neuerdings kolorieren wir aber auch voller Wonne Wachs selbst (S. 203). Denn diese kunterbunten Exemplare machen wirklich aus jeder Ecke Zuhause und Tisch einem Hort der Heimeligkeit.

Tasse mag Teller

Wir bewundern zwar all jene, die ausschließlich passendes Geschirr im Schrank stapeln. Aber insgeheim mögen wir unser Sammelsurium an Tassen und Tellern doch sehr. In Weiß sehen verschiedene Napfformen besonders toll aus. Aber auch Emaille als Grundlage ist eine wunderschöne Form der Schmausdarbietung. Als Schalen für Suppen und Desserts eigenen sich schöne Keramiktassen gut. Und die Hauptsache ist ja eh, dass jeder satt und glücklich vor Geselligkeit nach Hause geht!

Die Kinder auf Pappe malen lassen. Kärtchen daraus schneiden. Die kleinen Kunstwerke an den Faden bammeln und das Präsent damit verschnüren.

Kakao für Santa (Mama)

Wir sind uns sicher: Dem Weihnachtsmann schmeckt die heiße Schokolade genauso gut wie uns. Immerhin ist er jobbedingt verfroren, gabengestresst bis zur Haarspitze und rund um die Uhr im Einsatz. Kommt euch bekannt vor? Dann versucht es mal mit diesem vor Glück triefenden Entspannungsgetränk: In einen möglichst großen Humpen möglichst viel möglichst kakaohaltiges Pulver geben. Hafermilch heiß machen und mit der Schokolade vermengen. Nach Belieben Marshmallows dazugeben, tief durchatmen und das dampfende Gebräu hemmungsfrei ausschlürfen!

Regenbogen-Kerzen

Zutaten:

weiße Kerzenstumpen (Teelichter oder Bienenwachsreste funktionieren auch)
alte Gläser
Wachsmaler
Messer
weiße, schlichte Haushaltskerzen

Kaum ein DIY erzielt bei so wenig Aufwand so eine wuchtige Wirkung. Die kunterbunten Kerzen lassen sich wunderbar verschenken, peppen jeden Adventskranz auf, funktionieren rund ums Jahr – und machen dem Kleingemüse in der Herstellung mindestens so viel Spaß wie großen Künstler:innen.

So geht's: Die Kerzenstumpenwachsreste auf verschiedene Gläser verteilen. Bei 100 °C (Umluft) im Ofen schmelzen lassen. Von den verschiedenfarbigen Wachsmalern mit dem Messer daumennagelgroße Stücke abkratzen, jeweils eine Farbe in ein Glas heißes Wachs geben, schmelzen lassen und vermengen (etwa mit einem Holzstäbchen). Die einfachen weißen Kerzen mehrfach in die bunten Wachsbrühen dippen. Die Farbe, die später in der Mitte der Kerze schimmern soll, als Erstes verwenden.

Mandarinen-Kerze

Zutaten:

Mandarinen
Bienenwachs
Docht
Wäscheklammer

Da funkelt doch was? Richtig, diese famose Wachsvariante macht nicht nur aus Mandarinenschalen Schönes, sondern auch aus jeder Ecke daheim ein illuminiertes Stimmungsparadies.

So geht's: Die Mandarinen so pellen, dass ein kleines Schüsselchen aus Schale überbleibt. Einige Tage trocknen lassen. Das Bienenwachs in ein altes Glasgefäß geben und im Wasserbad schmelzen. Den zugeschnittenen Docht in einer Wäscheklammer festklemmen. Anschließend den Docht mittig in der Mandarinenschale platzieren und die Wäscheklammer auf dem Rand der Schale ablegen. Vorsichtig mit dem warmen Wachs auffüllen. Jetzt nur noch das Wachs hart werden lassen und die Klammer entfernen. Schon ist der Weihnachtslichterglanz fertig. WICHTIG: Kinder sollten diese Bastelei nur unter Aufsicht von Erwachsenen durchführen. Und beim Abbrennen stets darauf achten, dass die Mandarinenkerze auf einem nicht brennbaren Untergrund (zum Beispiel einem Tellerchen aus Glas oder Keramik) steht. Sonst fängt es nämlich an zu kokeln!

Papiertüten-Sterne

Papiertüten-Sterne verzaubern uns Jahr für Jahr und können selbst von den kleinsten Wichteln schon gefaltet werden. Wie die Himmelspracht gelingt, erfahrt ihr auf der nächsten Seite. Ihr braucht dafür nicht mehr als folgende irdische Utensilien:

6–8 Brottüten
eine Schere
Kleber
Schnüre

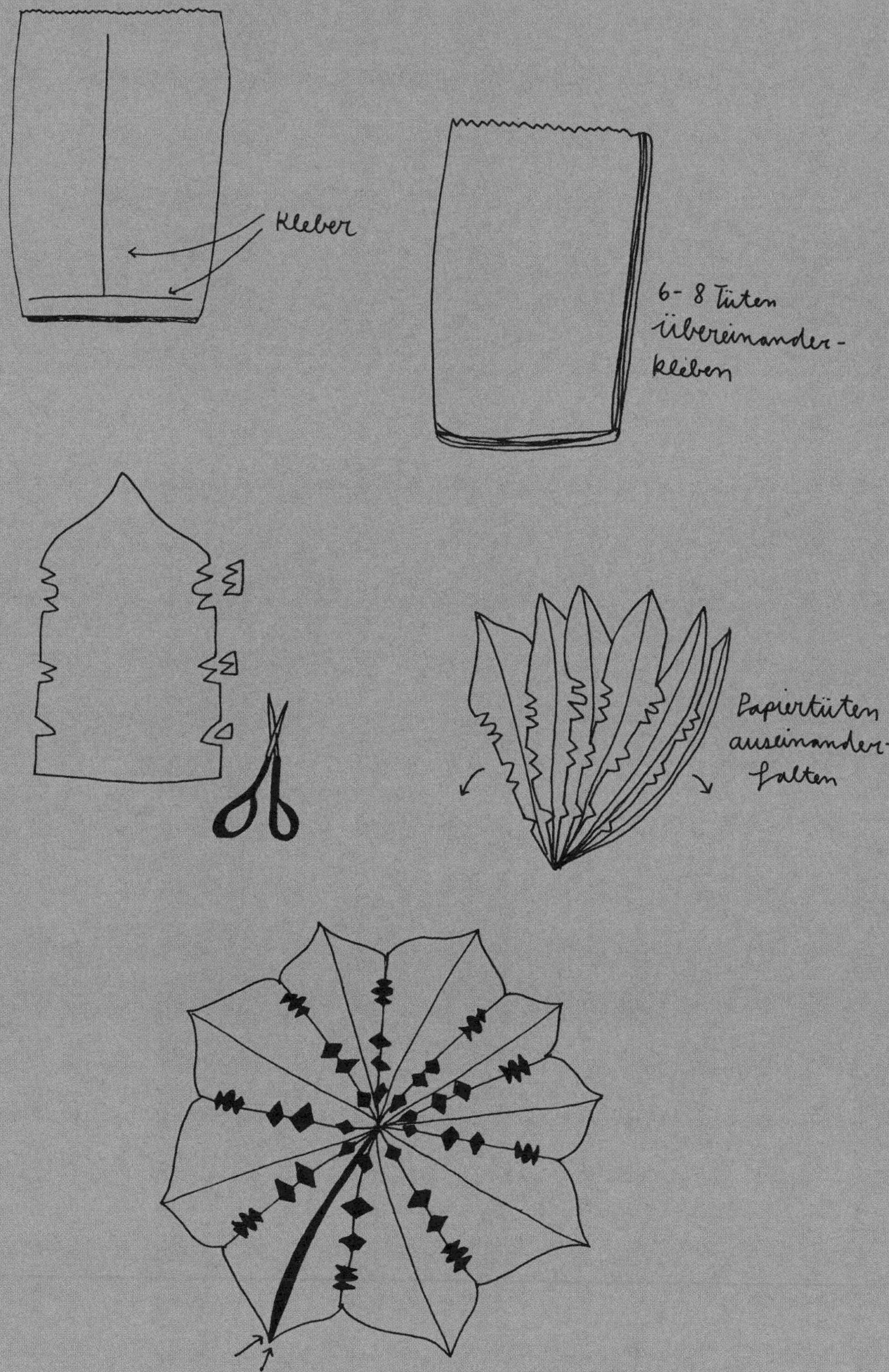
Kleber
6-8 Tüten
übereinander-
kleben
Papiertüten
auseinander-
falten
zusammenkleben

SHE & HIM
BLÆK

COOL ANIMALS
KALENDER 2021

Kontributor:innen

Von himmlischer, zum Niederknien nachahmenswerter Weihnachtspracht auf dem Berg jauchzt Claudi.

@travel.little.one

Warum Eisbaden nichts für Durchgeknallte, sondern winterwirklich was für jeden ist, verrät euch Suvi.

@suvihoyden

Wie man die famosesten Fäustlinge strickt, lernt ihr von Josi.

@joe.seattle

Oh, seht doch, dass Montana und Mexiko an Weihnachten so gut zusammenpassen wie Vanille und Kipferl. Einfach mal bei Kristi nachlesen.

@windypeakvintage

Dass Weihnachten besonders dann funkelt, wenn man gar keine Traditionen hat, lehrt Shanlynne.

@playfulmodernkids

Vom Winterweihnachtsfuttern unter portugiesischer Südsonne schwärmt Birgit.

@overtheocean

Je krummer der Baum, desto famoser das Fest, findet Lea.

@donnerstagsonntag

Von schwedischer Budenmagie könnt ihr euch bei Ida eine Früchtebrotscheibe abschneiden.

@idalauga

Von winzigem babyblauem Van-Weihnachtszauber wispert Josefine.

@leoleocopenhagen

Butterkekse, Bücher und gutes Tun besonders festlich anzurichten, ist Amandas Spezialität.

@amandajanejones

Karamelläpfel zum Fest? Gibt nix Besseres – vor allem, wenn man sie wie Anna tunkt.

@annamerkurova

Hauptsache, es schimmert selbst gemacht! Dieser Meinung ist jeder, der bei Leah in die Feststube linst.

@leahspicer

Sarah

Alle Jahre wieder schwöre ich mir: Dieses Jahr stresse ich mich nicht! Stattdessen fläze ich mich den lieben, langen Dezember über in Weihnachtsstimmung, verschenke ausschließlich Bücher aus der Herzensbuchhandlung, verpacke die Gaben frühzeitig bis spätestens Ende November zu turmhohen Stapeln im Arbeitszimmer – und grinse die restlichen Wochen bis zum Fest vor Frohsinn und Vorausschau wie ein Rentier im Kipferlrausch.

Tja, meine Organisationsfähigkeit ist nicht schuld daran, dass ich zwei Tage vor Weihnachten noch immer nicht alle Geschenke beisammen habe. Die Pepparkakor nämlich liegen am 30. November stets klebrig verziert bereit dafür, auf sämtlichen digitalen Kanälen präsentiert zu werden. Diverse in selbst gemachtes Geschenkpapier gehüllte und mit getrockneten Orangenscheiben sowie Samtschleifen verzierte Präsente schimmern fotobereit unter dem dekorativen Weihnachtbaum, der ab dem 4. Dezember (unbedingt vor Nikolaus) geschmückt im Wohnzimmer thront. Jobbedingt laufe ich ab Anfang November optisch und praktisch auf X-Mas-Hochtouren. Es gibt keine Zeit im Jahr, die ich mehr liebe. Doch es gibt auch keine Wochenfolge, die mich so regelmäßig so sehr ins selbst gebastelte Elend katapultiert.

Denn so schön ein liebevoll ausgewähltes Buch auch ist: Mir fallen ständig Werkeleien ein, die ich viel lieber verschenken möchte. Das gezimmerte Puppenbett, der Webteppich, der selbst bestickte Pullover oder die gepunchneedelte Miffi. Ich kann's schlichtweg nicht lassen, zu klopfen, zu hämmern, zu fädeln und zu kleben. Deshalb ist der Roman meist nur eine Beigabe zur DIY-Gabe. Und irgendwie liebe ich ja auch den Stress, der mit der schöpferischen Sucht einhergeht. Und die Freude beim Verschenken sowieso. Nur Entspannung sieht anders aus.

An den Festtagen selbst läuft zum Glück aber alles nach einem über die Jahre entstandenen Plan. Es gibt Kakao mit Marshmallows, Vanillekipferl von meiner Mama (die besten der Welt), Bratäpfel und am ersten Weihnachtsfeiertag einen Weihnachtsfilm. Dazu die latente, aber gewohnte Mühe, alle Verwandten unter einen Hut zu bekommen. Lange Tage und Nächte mit roten Backen und Augen und viel zu vielen Geschenken.

Und seit vier Jahren lehren mich inzwischen zwei Minis mit funkelnden Partyaugen, dass es meistens lohnt, statt des perfekten Kuchens lieber einen zusammengestürzten, aber zusammen gebackenen Gugelhupf zum Weihnachtstee zu servieren.

Bald werde ich bestimmt auch akzeptieren können, dass Playmobil doller ankommt als mein selbst gewebter Wandschmuck. Und vielleicht lerne ich ja irgendwann sogar, nur noch ein bisschen zu basteln. Oder ich übernehme einfach die isländische Tradition, setze mich am 24. Dezember mit meiner Bande, Schokoladentafeln und einem Haufen neuer Bücher um den Baum und lache darüber, wie turbulent Weihnachten früher doch war.

Serena

Ich liebe Weihnachten. Nein, stopp. Ich liebe den ganzen Dezember. Weihnachten dauert bei uns maximal zwei Stunden, die wir Geschenke zerreißend im Pyjama auf dem Wohnzimmerboden verbringen. Was ich feiere, sind die Wochen davor.

Aus meiner Kindheit habe ich wenig Bräuche und Traditionen mitgebracht. Was bei uns daheim wichtig war: Wir Kinder durften machen, was wir wollten. Also haben wir die krummsten, klebrigsten, vor Gummibärchenzier überquellendsten Lebkuchenhäuser zusammengezimmert. Wir haben kurz vor Weihnachten den Baum ausgesucht und von oben bis unten mit so viel glitzerndem, bunt funkelndem Lichter- und Lamettagehänge verziert, dass von der Tanne nix mehr zu sehen war. Wir haben in Endlosschleife »Kevin allein zu Haus« gesuchtet und dazu schaufelweise Popcorn gemampft.

Als wir älter wurden, haben wir abwechselnd Santa Claus gespielt und die dollsten Dinge organisiert, um uns gegenseitig zu überraschen. Das Beste aber war: Stress gab es bei uns nicht. Es hat einfach niemanden interessiert, wie irgendetwas zu sein hatte.

Nun bin ich selber groß. Und habe selber Kinder. Und mache es genauso wie meine Eltern. Ich kaufe beim Schweden ein Lebkuchen-Bastelset und überlasse den beiden Jungspunden die wabernde DIY-Zuckermasse. Sie dürfen den Baum aussuchen, den wir schon am ersten Advent aufstellen. Den ganzen Dezember über behängen wir ihn dann mit Immer-wieder-neu-Gebasteltem – bis das Nadelwerk aussieht, als würde es eher Karneval als Weihnachten feiern. In jedem Zimmer hängen wir Papiersterne, Lamettagirlanden und so viel Tand, wie eben toll ist, auf. Den vererbten Adventskalender fülle ich mit Schokoladen aus der Drogerie. Gerne pellen wir zusammen bergeweise Mandarinen, hören »In der Weihnachtsbäckerei« rauf und runter und abends, wenn die Kinder schlafen, schaue ich »Kevin«, trinke dazu Punsch und vertilge Berge von buntem Mürbegebäck.

Weihnachten feiern wir (wie schon ich als Kind immer) am Morgen des 25. Dezember. Wir backen dann Laugenbrezeln auf, verteilen Kakao und rupfen uns aufgeregt durch die Geschenketürme. Letztes Jahr haben wir der Verwandtschaft allerdings eröffnet, dass uns künftig ein Präsent pro Kopf reicht. Dazu gibt es immer Fotoalben, Schoko-Streusel-Kringel und allerlei anderen Süßkram. Am allermeisten mag ich an diesem besonderen Wintertanz, dass wir uns allesamt, ohne einmal in den Spiegel zu schauen, den ganzen Tag lang im Pyjama begegnen – und nur für uns sind.

Letztes Jahr waren die Kids so früh wach, dass wir die Weihnachtslichterkette um Punkt 6:00 Uhr für die Bescherung angeschaltet haben. Um 7:00 Uhr war der Weihnachtsspuk schon wieder um. Welch ein Glück, dass es in den zwei Dutzend Tagen davor schon geweihnachtet hat wie Bolle!

GRETAS SCHWESTER
Von wilder Welt und Wanderlust

Tine

Alle Jahre wieder gehe ich das Weihnachtsfest mit dem festen Vorsatz an, die Festkunst in der Improvisation zu suchen. Heißt konkret: sehr wenig zu schenken, sehr viel zu basteln, gemütlich zu sein und weniger perfektionistisch. Bis Ende November wähne ich mich auch meist gut im Plan. Die Wunschzettel sind eingesammelt, die Gabenlisten gemacht, die Festtermine mit dem Großclan synchronisiert, die Plätzchenlieblingsrezepte bereit dafür, wachgebacken zu werden.

Doch dann kommt der Advent herangepest. Und meistens beginnt der Stress mit der Einsicht, dass es wie immer kurz vor dem ersten Lichterfackeln noch keinen Kranz gibt. Und auch keinen fertig gefüllten Adventskalender. Bislang bekommt immer noch jedes der drei Kinder eigene 24 Päckchen. Da ich mich dann ab diesem Jahr mit vier Nachkommen den annähernd 100 prallen Säckchen nähern müsste, bin ich sehr geneigt, etwas an der Tradition zu ändern. Doch ach, die Tradition; ich mag sie und ich brauche sie – auch wenn ich sie manchmal ganz furchtbar doof finde. Sie drückt oft so. Und trotzdem lande ich immer wieder nassgeschwitzt beim Brauchtum.

Bräuche funktionieren für mich an Weihnachten wie ein Treppengeländer, an dem ich auch dann noch hochschnaufen kann, wenn ich am liebsten bereits erschöpft unterm noch ungeschmückten Baum zusammensacken würde. Wenn Mitte des Monats immer noch keine selbst gemachten Kekse knuspern. Kein Klimbim an jeder Tür hängt. Fehlender DIY-Sternenglanz am Fenster nebelt. Wenn die Minis meckern, dass alles zu kahl und jede andere Bude besinnlicher ist.

> Wenn in meinem Kopf die ganze Weihnachtsszene zwar im Prinzip fix und fertig glänzt – die Realität mir mit ihrem ganzen Weihnachtswunderanspruch aber doch wieder dazwischengerutscht ist.

Den Traditionen sei Dank, bekomme ich in letzter Sekunde aber immer noch alles hin. Nervlich etwas angeschlagen zwar, doch ich weiß ja im Grunde, was zu tun ist. Und noch an jedem Heiligabend stand die Bande mit glänzenden Augen vor dem großen, dekorierten, glitzernden Baum und dem viel zu großen Geschenkeberg – und war selig. Und dann bin ich's auch. Genieße das Gefühl, im Ziel eingetrudelt zu sein. Labe mich an Klößen und Keksen (zum Glück wird DIY-Backwerk ja inzwischen so voller Wonne verschenkt, dass man gar nicht mehr selber ran muss), lausche den schiefen Blockflötentönen und noch schieferen Großfamiliengesprächen, genieße das Fest, die Freund:innen und Freude – und schwöre mir schon wieder, dass ich nächstes Jahr dann aber wirklich alles anders mache.

Titel der Originalausgabe: Von wilder Welt und Weihnachten
Erschienen bei Gretas Freunde Verlag © 2021 Gretas Freunde

Projektleitung: Anja Sommerfeld, Knesebeck Verlag
Lektorat: Katrin Ciesielski-Meyer, Anja Sommerfeld
Gestaltung und Satz: Serena Hatfield
Herstellung: Arnold & Domnick, Leipzig
Druck: PNB Print Ltd.
Printed in Latvia

ISBN 978-3-95728-674-1

www.knesebeck-verlag.de

MIX
Paper | Supporting responsible forestry
FSC® C084698
FSC www.fsc.org

NOBODY'S GETTING SHIT THIS YEAR!
I ♥ RUDO LPH